T5-BPZ-618

Walter Burkert
Klassisches Altertum und
antikes Christentum

Hans-Lietzmann-Vorlesungen

Herausgegeben von
Christoph Markschies

Heft 1

Walter de Gruyter · Berlin · New York
1996

Walter Burkert

Klassisches Altertum und antikes Christentum

Probleme einer übergreifenden Religionswissenschaft

Walter de Gruyter · Berlin · New York
1996

♾ Gedruckt auf säurefreiem Papier, das die
US-ANSI-Norm über Haltbarkeit erfüllt.

Die Deutsche Bibliothek — CIP-Einheitsaufnahme

Burkert, Walter:
Klassisches Altertum und antikes Christentum : Probleme einer
übergreifenden Religionswissenschaft / Walter Burkert. — Berlin ;
New York : de Gruyter, 1996
(Hans-Lietzmann-Vorlesungen ; H. 1)
ISBN 3-11-015543-5
NE: GT

Printed in Germany

Einbandgestaltung: Rainer Engel, Berlin
Datenkonvertierung und Satz: Arthur Collignon GmbH, Berlin
Druck und buchbinderische Verarbeitung: Werner Hildebrand, Berlin

Vorwort

Mit den vorliegenden Seiten ist die erste „Hans-Lietzmann-Vorlesung" dokumentiert, die am 5.12.1995 der klassische Philologe und Religionswissenschaftler Prof. Dr. Dr. Walter Burkert aus Zürich an der Friedrich-Schiller-Universität Jena gehalten hat. Eine solche Veranstaltung wird dank der großzügigen Unterstützung dieser Institution und des Verlages Walter de Gruyter künftig jährlich stattfinden können. Die theologische Fakultät der Universität und das Institut für Altertumswissenschaft an ihrer philosophischen Fakultät erinnern mit dieser Vorlesungsreihe nicht nur an den ehemaligen Jenaer Professor Hans Lietzmann, sondern veröffentlichen ein Dokument ihrer auch sonst im akademischen Alltag selbstverständlich praktizierten und höchst anregenden interdisziplinären Gemeinschaft. Die „Hans-Lietzmann-Vorlesungen" sollen außerdem zeigen, wie das Arbeitsprogramm des namensgebenden Gelehrten auch heute noch umgesetzt wird und zu wissenschaftlichen Ergebnissen von Rang zu führen vermag.

Dabei fügte es sich glücklich, daß der emeritierte Züricher Ordinarius Walter Burkert für die erste Vorlesung gewonnen werden konnte. Er integriert in einer Hans Lietzmann vergleichbaren Weise mit seinem Œuvre Disziplinen, die für gewöhnlich getrennt betrieben werden. Sein Vortrag „Klassisches Altertum und antikes Christentum: Probleme einer übergreifenden Religionswissenschaft", der hier lediglich um knappe Anmerkungen und ein Literaturverzeichnis vermehrt zum Abdruck kommt, zeichnet nicht nur Hans Lietzmann in die Wissenschaftsgeschichte der Religionswissenschaft und Klassischen Philologie seiner Zeit ein. Er formuliert auf der Basis der im Werk Lietz-

manns angeschlagenen Themen auch Arbeitsergebnisse zu großen Forschungsfeldern der antiken Religionsgeschichte (wie
dem der Gnosis resp. des Gnostizismus) und benennt künftige
Aufgaben (vgl. beispielsweise den Hinweis auf die notwendigen
Untersuchungen zur Religionsgeschichte des paganen Ägypten
in der Spätantike[1]). Insofern kann er auch als eine Art Programm der ganzen Reihe gelesen werden: Knapp ist skizziert,
vor welchem wissenschaftlichen Traditionshintergrund eine solche spätantike Religionsgeschichte als Teil einer − modern ge-
sprochen − „histoire totale"[2] begriffen werden kann und auf
welchen Detailfeldern sich letztere besonders bewähren sollte,
wenn sie Anregungen Hans Lietzmanns aufgreifen will.

Burkerts angesprochene Desiderata-Liste könnte mühelos erweitert werden: Denn neben der Religionsgeschichte, mit der
er sich beschäftigt hat, wäre hier dann zunächst die klassische
Philologie zu nennen: Zahllose und wichtige Texte der christlichen Antike bzw. Spätantike sind noch nicht in befriedigenden
kritischen Ausgaben ediert, wie jüngst für den griechischen Bereich gezeigt wurde[3]. Man darf übrigens vermuten, daß sich ein
ähnlicher Befund bei einer Übersicht über die Texte in christ-

---

[1] S. u. S. 41.

[2] Dieser Begriff ist hier nach dem Verständnis bei Fernand Braudel
gebraucht; vgl. dessen Werk „Das Mittelmeer und die mediterrane Welt
in der Epoche Philipps II." (Bd. III, Frankfurt 1990 = Paris 1979[4],
453−460).

[3] Eine von PD Dr. Markus Vinzent (Berlin) für die Arbeitsstelle „Griechische Christliche Schriftsteller" der Berlin-Brandenburgischen Akademie
der Wissenschaften erstellte Liste zählt auf der Basis der „Clavis Patrum
Graecorum" von M. Geerard (4 Bde., Turnhout 1974−1983) für den
griechischen Bereich knapp dreihundert Inedita (darunter weit über
zweihundert Pseudochrysostomica und viele dubia bzw. spuria). Unter
der Überschrift „Autoren und Werke in nichtkritischen Editionen" ver-
bucht Vinzent fast achtzig (z. T. möglicherweise) vornizänische bzw.
über vierhundert nachnizänische Texte so wichtiger Autoren wie Basilius
von Caesarea, Gregor von Nazianz, Eusebius von Caesarea und Johannes Chrysostomus.

lich-orientalischen Sprachen ergäbe. Auch die immens wichtigen lateinischen Übersetzungen griechischer christlicher Literatur sind nur in Anfängen ediert[4]. Weiter wäre der Bereich der klassischen bzw. sogenannten „christlichen" Archäologie anzusprechen: Für die Geschichte des Christentums wichtige Orte wie Kolossae oder Laodicaea (um nur zwei Städte im Mäanderdreieck Kleinasiens zu nennen) harren einer gründlichen Ausgrabung, das Projekt einer Dokumentation der vielen, in den letzten Jahrzehnten im Rahmen von Ausgrabungen und Surveys entdeckten griechischen christlichen Inschriften steht erst am Anfang[5]. Ich übergehe dringenden Forschungsbedarf im Bereich der Alten Kirchengeschichte und komme zu den scheinbar „kleineren" Fächern Liturgiewissenschaft, Hagiographie, Frömmigkeits- und Mentalitätengeschichte usf.: Uns fehlen gründliche Studien zur antiken christlichen Gottesdienstgeschichte in der Art von jüngeren Beiträgen zum Wort- und Taufgottesdienst[6]; die Datierung von für diese Fragen immens wichtigen Quellen wie beispielsweise der sogenannten traditio apostolica ist vollkommen unklar[7]. Das auf Papyrus vorliegende

---

[4] Vgl. die Bemerkungen und Literaturhinweise bei Ch. Markschies, Ambrosius von Mailand und die Trinitätstheologie. Kirchen- und theologiegeschichtliche Studien zu Antiarianismus und Neunizänismus bei Ambrosius und im lateinischen Westen (364−381) (BHTh 90), Tübingen 1995, VIIf. Eine wichtige Lücke schließt jetzt B. Gain, Traductions latines des Pères Grecs. La collection du manuscrit Laurentianus San Marco 584. Édition des lettres de Basile de Césarée, Publications Universitaires Européenes. Série XV, Philologie et littérature classiques, Bern u. a. 1994.

[5] Vgl. dafür die Literaturhinweise bei: F. Bérard/D. Feissel/P. Petitmengin/ M. Sève, Guide de l'epigraphiste, Paris 1986.

[6] J. Ch. Salzmann, Lehren und Ermahnen. Zur Geschichte des Wortgottesdienstes in den ersten drei Jahrhunderten (WUNT 2.R. 59) Tübingen 1994 sowie G. Kretschmar: Die Geschichte des Taufgottesdienstes in der Alten Kirche, in: K. F. Müller/W. Blankenburg (Hgg.) Leiturgia V, Kassel 1970, 1−348.

[7] Dazu vgl. Ch. Markschies, Wer schrieb die sogenannte „Traditio Apostolica"? Neue Beobachtungen und Hypothesen zu einer kaum lösbaren

Material zu einer Gottesdienst- bzw. Ritengeschichte ist kaum
aufgearbeitet[8]. Wir wissen bisher sehr wenig über die qualitati-
ven Prozesse und quantitativen Dimensionen der Ausbreitung
des Christentums, über die Motive von Bekehrungen in der
Spätantike[9]. Ich breche die Liste hier ab, es ist deutlich, daß
eine einzelne Disziplin mit ihrer Abarbeitung völlig überfordert
wäre und kläglich scheitern müßte. Angesichts einer solchen,
natürlich vollkommen unvollständigen Aufzählung von „Aufgaben der Erforschung des antiken Christentums"[10] erweist sich
der allein durch die gegenwärtige wirtschaftliche Situation vor-
gegebene und zunächst oft belastende Druck zur Zusammenarbeit von Fächern, ja zur Zusammenarbeit in Europa und dar-
überhinaus als eine zugleich verheißungsvolle Chance, die ange-
deutete Desiderata-Liste anzugehen. Man sollte sich zugleich

Frage aus der altkirchlichen Literaturgeschichte, in: W. Kinzig/Ch.
Markschies/M. Vinzent, Studien zum apostolischen Glaubensbekennt-
nis? (erscheint 1997 in AKG, Berlin/New York).

[8] Aber vgl. jetzt J. Henner, Fragmenta Liturgica Coptica. Editionen und
Kommentare liturgischer Texte der koptischen Kirche des ersten Jahr-
tausends (Die älteste Handschrift der Gregoriosanaphora sowie Handschriften aus dem weißen Kloster), Diss.theol. (masch.), Wien 1996. −
Vgl. H. Lietzmann, Sahidische Bruchstücke der Gregorios- und Kyrillos-
liturgie, OrChr 9 (1920) 1−19 = ders., Kleine Schriften III. Studien zur
Liturgie- und Symbolgeschichte, zur Wissenschaftsgeschichte, hg. von
der Kommission für spätantike Religionsgeschichte [TU 74] Berlin
1962, 99−117).

[9] Ramsay MacMullen hat hier den Blick auf die „Macht" gelenkt, die
christliche Wundertäter ausweislich ihrer Heilungen für antikes Empfin-
den über dämonische Mächte ausübten: Christianizing the Roman Empire A. D. 100−400, New Haven/London 1984, passim (bes. 28−35).
Diese Erklärung ergänzt die traditionellen: D. Praet, Explaining the
Christianization of the Roman Empire. Older Theories and Recent De-
velopments (SE 33 [1992/1993] 5−119).

[10] Sie berühren sich z. T. mit den „Aufgaben der neutestamentlichen Wis-
senschaft", die Martin Hengel in seiner „Presidental Adress" auf der 48.
Jahrestagung der SNTS (Chicago, 15.−18. 8. 1993) angemahnt hat:
NTS 40 (1994) 321−357.

daran erinnern, wie Hans Lietzmann in Zeiten einer ungleich schwereren wirtschaftlichen Depression Qualität von Forschung zu sichern wußte[11].

Ein Wort zu den legitimen Eigeninteressen der an solcher interdisziplinärer Forschung beteiligten Disziplinen, deren angeblicher Verlust bei solcher Weitung der Perspektiven leider gern lautstark beklagt wird: Theologen befürchten den Verlust des ihrem Fach eigenen Erkenntnisinteresses, Philologen sorgen sich um die spezifischen sprachlichen Standards und Archäologen mutmaßen schließlich die ideologische Überfrachtung der Befund-Deutung. Das mag es ja alles im Einzelfall geben, und trotzdem sind solche Sorgen für gewöhnlich mehr Ausdruck ängstlicher Abgrenzung als gründlicher Wissenschaft. Natürlich kann und muß man über Urteile und Einsichten von der jeweils eigenen Perspektive aus streiten, über Methoden diskutieren und sollte die beteiligten Fächer immer wieder auch anders zueinander in Beziehung setzen. Auch hierfür bietet die erste „Hans-Lietzmann-Vorlesung" von Walter Burkert Stoff: Wie „Theologisierung" und „Humanisierung" aufeinander bezogen sind, wird der evangelische Kirchenhistoriker anders definieren als der Referent[12]. Welche Fäden Manichäismus und iranische Religion verbinden, dürfte zwischen einem klassischen Philologen und einem Experten für Zoroastrismus umstritten sein. Aber es wäre doch jammerschade, wenn diese Gespräche nicht geführt würden. Fragen wie diese, die Burkert aufgeworfen hat, und andere werden in den kommenden Jahren *deo volente* in

---

[11] H. Lietzmann, Petrus und Paulus in Rom. Liturgische und archäologische Studien (AKG 1), Berlin und Leipzig 1927[2], V.

[12] Ich habe an zwei Stellen zur Methodik des Faches „evangelische Kirchengeschichte" Stellung genommen: Ch. Markschies, Die eine Reformation und die vielen Reformen oder: Braucht evangelische Kirchengeschichtsschreibung Dekadenzmodelle? ZKG 106 (1995), 18–45 bzw. ders., Arbeitsbuch Kirchengeschichte (UTB 1857), Tübingen 1995, 150–153 („Das Ziel kirchengeschichtlicher Arbeit" [im Rahmen evangelischer Theologie]).

charakteristisch verschiedener Weise durch die künftigen Refe-
rentinnen und Referenten aus den genannten Disziplinen aufge-
griffen und beantwortet werden.

Die hier begonnene Reihe der „Hans-Lietzmann-Vorlesungen" reiht sich ein in die Menge der Projekte, die sich bis heute
seiner Anregung oder Förderung verdanken und die Erforschung des antiken Christentums befruchten: die „Zeitschrift
für die neutestamentliche Wissenschaft und Kunde der älteren
Kirche", die „Arbeiten zur Kirchengeschichte", die „Kleinen
Texte für Vorlesungen und Übungen", die „Tabulae in usum
scholarum", das „Handbuch zum Neuen Testament", die „Studien zur spätantiken Kunstgeschichte", die Ausgaben von Texten des Athanasius von Alexandria, des Apolinarius von Laodicaea und andere Kateneneditionen. Das Werk Lietzmanns lebt
auch fort im „Reallexikon für Antike und Christentum", einem
monumentalen „Sachwörterbuch zur Auseinandersetzung des
Christentums mit der antiken Welt". Siebzehn Bände zu Lem-
mata der Buchstaben A-I sind bis heute erschienen, der Name
Hans Lietzmanns wird heute auf der Rückseite des Innentitels
unter den Begründern neben Franz Joseph Dölger, Theodor
Klauser, Helmut Kruse und Jan Hendrik Waszink geführt[13].

In der Überzeugung, daß die beste Erinnerung an Hans Lietzmann die Pflege dieses seines Wissenschaftsverständnisses ist,
haben sich verschiedene Institutionen zu anregender gemeinsa-
mer Arbeit verbunden: Zu allererst ist zu nennen der De-Gruy-
ter-Verlag, der die meisten Schriften Lietzmanns veröffentlicht
hat und bei der Gestaltung seines theologischen Verlagspro-
gramms von ihm beraten wurde. Herr Dr. Hasko von Bassi hat
die Idee von „Hans-Lietzmann-Vorlesungen" begeistert aufge-
griffen und energisch bei ihrer Umsetzung mitgeholfen. Die Unterstützung der Universität Jena dokumentiert die hier abge-
druckte Ansprache ihres Prorektors Prof. Dr. Karl-Ulrich Meyn,

---

[13] E. Dassmann (Hg.), Das Reallexikon für Antike und Christentum und
das F. J. Dölger-Institut in Bonn (...), Stuttgart 1994, bes. 55–62.

weiterhin ist ihrem Kanzler, Dr. Klaus Kübel, hier öffentlich und nachdrücklich zu danken. Zugleich auch im Namen der Kolleginnen Angelika Geyer (Klassische Archäologie) und Gerlinde Huber-Rebenich (Mittellateinische Philologie) sowie der Kollegen Walter Ameling (Alte Geschichte), Jürgen Dummer (Gräzistik) und Meinolf Vielberg (Latinistik):

Jena, im August 1996   Christoph Markschies

Inhaltsverzeichnis

Hans Lietzmann (1875–1942)

Begrüßungsansprache
zur ersten „Hans-Lietzmann-Vorlesung"
von Karl-Ulrich Meyn,
Prorektor der Friedrich-Schiller-Universität

Wenn der Lehrstuhl für Kirchengeschichte und das Institut für Altertumswissenschaften sich vorgenommen haben, jährlich zu einer Hans Lietzmann-Vorlesung einzuladen, so nehmen die Veranstalter eine alte Tradition auf. Eine Tradition, die darin besteht, große Forscher und Lehrer dadurch zu ehren, daß in kongenialer Absicht gearbeitet und gelehrt wird. Worin besteht diese Kongenialität? Sie besteht unter anderem wohl darin, daß wir mit Hans Lietzmann einen Wissenschaftler ehren können, der eine moderne Forderung schon früh — oder sollte man sagen noch — erfüllte, nämlich Interdisziplinarität. Daß sich Theologie und Altertumswissenschaft zu diesem Vorhaben zusammengefunden haben, hat hierin seine Ursache. Hans Lietzmann war nämlich nicht nur als Kirchenhistoriker ein überragender Gelehrter, er fühlte sich ebensosehr als Sprachforscher, Archäologe und — wenn ich so sagen darf — als Allgemeinhistoriker. Das umfangreiche Werk von Hans Lietzmann verbindet in hervorragender Weise die jedenfalls heute weitgehend streng getrennten Disziplinen der klassischen Philologie, der Archäologie und der Kirchengeschichte. Seine Arbeit bleibt deshalb auch durch die ungewöhnlich breite Berücksichtigung sozial-, mentalitäts- und religionsgeschichtlicher Fragestellungen bis heute vorbildlich.

So wie Lietzmann Schüler geprägt hat, so wurde er seinerseits in dieser interdisziplinären Ausrichtung durch seine Studienzeit

beeinflußt. Als er nach seiner Kindheit in Wittenberg — er
wurde 1875 geboren[1] — und von seinem ersten Studienort Jena
zum Wintersemester 1893/94 nach Bonn wechselte, hörte er
dort nicht nur in der Theologischen Fakultät, sondern auch bei
dem bedeutenden klassischen Philologen und Religionshisto-
riker Hermann Usener. Dessen Person nicht nur, sondern vor
allen Dingen Useners Methode und interdisziplinäre Weite haben Lietzmann zutiefst beeinflußt. Als er 1908 wiederum nach
Jena wechselte, hat er auch hier in außerordentlich fruchtbarer
Weise mit Philologen und Orientalisten zusammengearbeitet.
Dies ließe sich anhand seines Lebenswerkes ohne weiteres nach-
weisen, ich möchte das aber Berufeneren überlassen. Immerhin
darf ich als ein Beispiel darauf verweisen, daß Lietzmann mit
dem Orientalisten Heinrich Hilgenfeld als „Gratulationsschrift"
zum Jenaer Universitätsjubiläum 1908 die Lebensbeschreibung
eines berühmten syrischen Säulenheiligen namens Simeon herausgab. Im selben Jahr entdeckte er, daß ein Papyrus der bekannten Jenaer Papyrussammlung aus einem griechischen Text
eines wichtigen Theologen des 2. Jahrhunderts stammte, nämlich aus dem Werk des Bischofs Irenäus von Lyon mit dem Titel
„Gegen die Häresien".[2] Seine wissenschaftliche Breite erlaubte
es ihm dann sogar, während einer Lehrstuhlvakanz im Philolo-
gischen Seminar zu vertreten und dort Papyrologie zu lesen.

Hans Lietzmann ist in dieser Breite und — modern gespro-
chen — in seiner Interdisziplinarität für uns Heutige ein Vorbild.
Es ist nämlich *communis opinio*, daß der Fortschritt der heuti-

---

[1] Zur Biographie vgl. jetzt W. Schneemelcher, Art. Hans Lietzmann, TRE
     XXI, Berlin/New York 1991, 191–196.
[2] H. L./H. H., Das Leben des hl. Symeon Stylites (TU 32/4), Leipzig 1908;
     H. L., Der Jenaer Irenaeus-Papyrus, NGWG.PH 1912, 292–320 =
     ders., Kleine Schriften I. Studien zur spätantiken Religionsgeschichte,
     hg. v. K. Aland (TU 67), Berlin 1958, 370–409. — Zum Papyrus jetzt
     K. Aland/H.-U. Rosenbaum, Repertorium der griechischen christlichen
     Papyri, Bd. 2 Kirchenväter-Papyri (PTS 42) Berlin/New York 1995,
     321–327 (= KV 47).

gen Wissenschaften in den Feldern zwischen den Disziplinen
liegt. Auch deshalb kann ich der wiederaufgenommenen Zusammenarbeit zwischen Kirchengeschichte und Altertumswissenschaft nur meine herzlichen Glückwünsche aussprechen.
Möge sie fruchtbar sein.

In einem dürfte die heutige Wissenschaft allerdings angesichts
ihrer fortgeschrittenen Spezialisierung Hans Lietzmann nicht
mehr nacheifern können. Seine private Lieblingsbeschäftigung
galt nämlich der Astronomie, der er nicht nur nach Abschluß
der Tagesarbeit auf der Universitätssternwarte nachging, sondern die er auch in einer Publikation niedergelegt hat: „Anlei-
tung zur Himmelsbeobachtung mit kleinen Fernrohren" (1922).
Hier war Lietzmann in einem weiteren Sinne sehr modern: Er
bemühte sich erfolgreich um Drittmittel-Finanzierung, und so
schenkte die Firma Zeiss Lietzmann für seine Beobachtungen
ein Fernrohr.

Als jemand, der gegenwärtig auch universitätspolitische Aufgaben zu erfüllen hat, möchte ich nicht enden, ohne auf die
Umstände eingegangen zu sein, unter denen Hans Lietzmann
seinerzeit an die Fakultät berufen wurde.[3] Die Universität Jena
verdankt nämlich möglicherweise das Wirken Hans Lietzmanns
in Jena einem berufungspolitischen Streit in der Theologischen
Fakultät. Lietzmanns Vorgänger Friedrich Nippold hatte in
seiner Gegnerschaft gegen die Ritschlsche Schule in einer — wie
es in einer universitätshistorischen Veröffentlichung heißt[4] —
schon ans Pathologische grenzenden Verfolgungswut mehrfach
versucht, Berufungen zu verhindern, die seiner Linie nicht ent-

---

[3] Vgl. dafür E. H. Pältz, Art. Jena, TRE XVI (1987 = 1993) 559−563; K.
Heussi, Geschichte der Theologischen Fakultät zu Jena, Weimar 1954,
331 f (Nippold) bzw. 389 f (Lietzmann); im Universitätsarchiv Bestand J
Nr. 113 sowie 120.

[4] H. Drechsler, Geschichte der Universität Jena (1548/58−1958). Festgabe
zum vierhundertjährigen Universitätsjubiläum (…) Bd. I, Jena 1958,
493.

4 Karl-Ulrich Meyn

sprachen. Die Erfolglosigkeit seiner Bemühungen bedrückten
ihn so sehr, daß er immer unfähiger wurde, sein Amt auszufüh-
ren. Er bat schließlich um Versetzung in den Ruhestand. Die
Fakultät konnte daraufhin, wie es heute heißen würde, eine
Einerliste präsentieren, zu der sie sich veranlaßt sah, da sie
schon zwei Jahre gute Erfahrungen mit Lietzmann gemachte
hatte. Er war nämlich bereits zur Entlastung Nippolds in Jena
tätig. Damit waren aber noch nicht alle Hürden ausgeräumt.
Der Berufungsvorschlag fand nämlich zwar die einstimmige Be-
fürwortung des Senats und die wärmste Empfehlung des Kura-
tors, aber das Altenburger Ministerium − Altenburg war einer
der sogenannten Erhalterstaaten der Universität − wollte mit
Rücksicht auf in bestimmter Weise kirchenpolitisch ausgerich-
tete Kreise des Herzogtums den Fakultätsvorschlag zum Scheitern bringen. Erst längere Kämpfe führten dazu, daß Altenburg
seinen Widerstand aufgeben mußte. Hätte sich also Nippold
nicht aufgerieben in seiner vielleicht auch etwas egozentrischen
Berufungspolitik, möglicherweise könnten wir Lietzmann nicht
in den Annalen der Universität verbuchen.

Daß ich damit nicht dem ja auch der Gegenwart nicht ganz
unbekannten Streit in Berufungsdingen das Wort reden will, das
werden Sie mir sicher abnehmen. Hier Linien in die Moderne zu
ziehen, verbietet die akademische Höflichkeit. Lassen Sie mich
stattdessen noch einmal Institut und Lehrstuhl herzlich dafür
danken und ihnen Glück wünschen für das Vorhaben, alljähr-
lich eine Hans Lietzmann-Vorlesung zu veranstalten.

Laudatio Walter Burkert
von Christoph Markschies

Eine in derartigen einführenden Ansprachen und Texten gern verwandte Floskel ist hier einmal ganz ernst gemeint: Eigentlich ist es vollkommen überflüssig, Walter Burkert in einem altertumswissenschaftlich gebildeten Auditorium eigens einzuführen oder vorzustellen. Aber da ich mir weder ganz sicher bin, daß alle Theologinnen und Theologen mit dem Gesamtwerk Burkerts noch alle klassischen Altertumswissenschaftlerinnen und Altertumswissenschaftler mit den opera omnia Lietzmanns vertraut sind, möchte ich wenigstens kurz den einen im Lichte des anderen vorstellen.

Man hat das bisherige Werk von Walter Burkert zusammengefaßt unter zwei Stichworten „Mythos und Ritual" — und darin sehe ich eine erste Analogie zwischen ihm und Hans Lietzmann. Doch zunächst zu Burkert: Der Heidelberger Gräzist Glenn W. Most hat einmal zusammenfassend gesagt, daß Burkerts Arbeiten der Schließung der Kluft zwischen Mythos und Ritual gewidmet seien[1], dem funktionellen Zusammenhang zwischen erzählendem Mythos und den rituellen Kulthandlungen verpflichtet. Mit dem Opferritual wird vom Züricher Graezisten eine gern im Bild vom „klassischen Griechenland" übersehene dunkle Komponente der Tötung von Leben ins Licht gerückt, die gleichwohl Gemeinschaft stiftet. Das Opfer ist eine

---

[1] Glenn W. Most, Strenge Erforschung wilder Ursprünge. Walter Burkert über Mythos und Ritus, in: W. Burkert, Wilder Ursprung. Opferritual und Mythos bei den Griechen, Berlin 1990, (7 – 12) 10.

soziale Institution, und der Mythos berichtet davon. Burkert hat
in verschiedenen Detailstudien gezeigt, daß der Mythos „Bedeutung ... für die Rekonstruktion und Interpretation des Rituals
und damit für die Religionswissenschaft überhaupt" hat, umge-
kehrt aber auch das Ritual für das Verständnis des Mythos be-
deutsam ist. „Der Mythos, als plot, kann Verbindungen zwischen Riten anzeigen, die in unserer Überlieferung vereinzelt
auftauchen; er kann die verzweifelten Lücken unseres Wissens
ergänzen; er kann entscheidende Hinweise zur Datierung geben"[2]. Als 1972 Burkerts „Homo Necans. Interpretationen alt-
griechischer Opferriten und Mythen" erschien[3], dominierte
weitgehend noch ein philologisch-historischer Positivismus; der
Autor hat selbst an zwei Stellen nachgezeichnet, inwiefern dieses Werk die seitherige Diskussion revolutioniert hat. Der Kirchenhistoriker registriert übrigens – wenn die kleine Seitenbe-
merkung gestattet ist – mit Freude, daß dieses Werk über Zeiten, die ihm eher fernstehen, mit einem ihm wohlvertrauten Kir-
chenväterzitat eingeleitet ist: „Und darum handelt es sich, um
es ein für alle mal zu sagen, bei allen Mysterien: um Tod und
Begräbnis", oder wie es im Protreptikos des Clemens von Alexandrien wörtlich heißt: καὶ ταῦτ' ἐστι τὰ μυστήρια, συνελόντι
φάναι· φόνοι καὶ τάφοι[4]. Und so erscheint es konsequent, daß
Burkert sich auch den antiken Mysterien im spezifischen Sinne
zuwendete. 1990 erschien sein Buch „Antike Mysterien. Funktionen und Gehalt", in der in sensibler Weise alles das behandelt
wird, was auch Neutestamentler und Kirchenhistoriker interes-

---

[2] Neues Feuer auf Lemnos. Über Mythos und Ritual, in: W. B., Wilder
Ursprung, (60–76) 70; vgl. auch W. Burkert, Structure and History in
Greek Mythology and Ritual, Sather Classical Lectures. Vol. 47, Berkeley 1979.
[3] W. B., Homo Necans (RGVV 32), Berlin/New York 1972; in englischer Übersetzung 1983: Homo Necans. The Anthropology of Ancient
Greek Sacrificial Ritual and Myth, transl. by P. Bing, Berkeley u. a.
1983.
[4] Clem.Al., protr. 2,19,2 (GCS Clemens Alexandrinus I, 15,4f Stählin).

siert oder mindestens interessieren sollte: die Mysterien von Eleusis, die des Dionysos, der Mater Magna, des Isis und Osiris und schließlich die des Mithras. Das letzte Kapitel dieses Büchleins ist unter der Überschrift „Verwandelnde Erfahrung" dem Erleben der Mysterien gewidmet[5] – und ich fragte mich, als ich es nochmals las, ob wir denn auch für andere Kulte der Spätantike, beispielsweise für die christlichen Gottesdienste, schon ähnliche auf die Erfahrungen der Teilnehmer zielende Darstellungen besitzen oder das Kapitel nicht vielmehr auf schmerzliche Desiderate weist. Neben dem Buch stehen allerlei Aufsätze zum Thema; so hat Burkert sich beispielsweise jüngst zu der (alle Zeiten interessierenden) Frage geäußert, wie es eigentlich um die Geheimhaltung dieser Kulte stand[6]. Die dabei angespielte These des Religionswissenschaftlers Hans Georg Kippenberg, daß neben dem Geheimnis („Secrecy"), das mindestens als Tatsache des Geheimnisses, das freilich nur wenige dem Inhalte nach kennen, auch breiteren Kreisen öffentlich bekannt ist, das vollständige Verschweigen („concealment") selbst der Tatsache „Geheimnis" steht, verdiente eine ausführliche Anwendung auf die antike Christentumsgeschichte: Man könnte dann etwa die Apologeten als Schriftsteller interpretieren, die bewußt Interna des christlichen Kultes in die Öffentlichkeit stellten, damit die neue Religion nicht unter den Verdacht eines staatsgefährdenden Verschweigens geriet[7], oder aber die Forschungsbeiträge zum Begriff μυστήριον/mysterium resp. sacramentum präzisieren: Was sagen die christlichen Autoren, was halten sie geheim bzw. was läßt sich ihrer Ansicht nach gar nicht ausdrücken?[8]

---

[5] Antike Mysterien. Funktionen und Gehalt, München 1990, 75–97.

[6] W. B., Der geheime Reiz des Verborgenen: Antike Mysterienkulte, in: H. G. Kippenberg/G. G. Stroumsa (Hgg.), Secrecy and Concealment. Studies in the History of Mediterranean and Near Eastern Religions (SHR 65), Leiden 1995, 79–100.

[7] Vgl. die Passagen bei Iust., 1Apol 65–67 (neue Edition mit reichem Kommentar in PTS 38, 125–130 Marcovich).

Mit dieser Mythos und Ritual verbindenden Grundintention der Arbeiten von Walter Burkert, so scheint mir jedenfalls, kann man in Vergleich bringen, wie Hans Lietzmann die Liturgiegeschichte, also die Geschichte christlicher öffentlicher Rituale, selbstverständlich in seine kirchenhistorische Arbeit integriert hat. Über das letzte Abendmahl Jesu handelt Lietzmann in seinem Buch „Messe und Herrenmahl" (1926)[9] erst, nachdem er äußerst sorgfältig die verschiedenen liturgischen Traditionen der Alten Kirche analysiert und verglichen hat. Auch die gewöhnlich nur kirchenhistorisch und archäologisch traktierte Frage, ob die Apostel Petrus und Paulus in Rom gewesen seien, hat Lietzmann selbstverständlich auch liturgiegeschichtlich behandelt, um seine eigene Antwort zu fundamentieren[10].

Walter Burkert hat nie einen Zweifel daran gelassen, daß auch die Orientalia zum Arbeitsbereich der klassischen Philologie gehören — und hier scheint mir ein weiterer Vergleichspunkt zwischen ihm und Lietzmann vorzuliegen: Burkerts Heidelberger Abhandlung „Die orientalisierende Epoche in der griechischen Religion und Literatur" (1984[11]) beschäftigt sich zwar mit dem sogenannten homerischen Zeitalter, dem Jahrhundert etwa zwischen 750 und 650 v. Chr., aber stellt natürlich auch Aufgaben für die Betrachtung der folgenden hellenistischen und kaiserzeitlichen Epochen. Aufgaben auch ganz schlicht für die Aus-

---

[8] Vgl. dafür die bei H. J. Sieben (Voces. Eine Bibliographie zu Wörtern und Begriffen aus der Patristik [1918—1978], Bibliographia Patristica. Suppl. 1, Berlin/New York 1980, 142f bzw. 339) genannten Beiträge.

[9] H. L., Messe und Herrenmahl. Eine Studie zur Geschichte der Liturgie (AKG 8), Bonn 1926 = Berlin 31955; erweiterte englische Übersetzung von H. G. Reeve u. R. D. Richardson, Mass and the Lord's Supper. A Study in the History of Liturgy, Leiden 1979.

[10] Petrus und Paulus in Rom. Liturgische und archäologische Studien (AKG 1), Berlin und Leipzig 1927[2] (1915[1]).

[11] SHAW. PH 1/1984, Heidelberg 1984; bearbeitete Fassung in englischer Sprache: The Orientalizing Revolution. Near Eastern Influence on Greek Culture in the Early Archaic Age, transl. by M. E. Pinder and W. Burkert (Revealing Antiquity 5), Cambridge/M. und London 1995[2].

bildung von Altertumswissenschaftlern und Theologen, die in der Forschung tätig sein wollen — eine scheinbar kleine Anmerkung jener gewichtigen Abhandlung will ich zitieren: „Verf[asser] ist zwar Graezist, nicht Orientalist, hat aber die zitierten semitischen Quellen auch im Urtext studiert"[12]. Wir sollten auch unsere eigenen jeweiligen Studierenden wieder mehr dazu ermuntern, Hebräisch, Aramäisch, Syrisch, Koptisch oder Armenisch zu lernen, und so dem zunehmenden Trend zu einer „second-hand-Wissenschaft" wehren. Ich stelle neben diese Dimension der Arbeit des Eröffnungsredners Burkert Hans Lietzmanns Bemühen um die syrischen Quellen und die anderen christlich-orientalischen Sprachen. Auf die Gratulationsschrift zum Jenaer Universitätsjubiläum von 1908 ist schon hingewiesen worden[13] — wer den Säulenheiligen Simeon, τὸ μέγα θαῦμα τῆς οἰκουμένης (so nennt ihn ein Freund und Biograph[14]; der sagenhafte Pilgerstrom zu dem wohl größten christlichen Wallfahrtsheiligtum der Antike rechtfertigte ja schließlich auch diese enthusiastische Charakterisierung) — wer also Simeon studieren will, der ist auf die syrischen Quellen ebenso angewiesen wie auf die griechischen Texte und die Ausgrabungsbefunde des großen Pilgerzentrums in Qal'at Sim'an, dem Ort, wo die Säule stand und im Laufe der Jahre in die Höhe wuchs. Lietzmann hat „sahidische Bruchstücke der Gregorios- und Kyrilloslitur-

---

[12] Die orientalisierende Epoche in der griechischen Religion und Literatur, SHAW. PH 1/1984, Heidelberg 1984, 14 Anm. 32 = The Orientalizing Revolution, 157 n. 32.

[13] H. Lietzmann/H. Hilgenfeld, Das Leben des hl. Symeon Stylites (TU 32/4), Leipzig 1908; vgl. auch H. L., Art. Simeon Stylites, PRE II 5 (1927) 140—142.

[14] Thdt., h.rel. 26,1 Συμεώνην τὸν πάνυ, τὸ μέγα θαῦμα τῆς οἰκουμένης, ἴσασι μὲν ἅπαντες οἱ τῆς Ῥωμαίων ἡγεμονίας ὑπήκοοι, ἔγνωσαν δὲ καὶ Πέρσαι καὶ Μηδοὶ (andere Hss.: Ἰνδοὶ) καὶ Αἰθίοπες, καὶ πρὸς Σκύθας δὲ τοὺς νομάδας ἡ φήμη δραμοῦσα τὴν τοῦδε φιλοπονίαν καὶ φιλοσοφίαν ἐδίδαξεν (SC 257, 158,1—5 Canivet/Leroy-Molinghen).

gie" ediert[15]; „jüdisch-griechische Inschriften aus Tell ell Yehudieh"[16] und − kaum daß in den Woodbrooke-Studies die Tauf-
katechesen des spätantiken antiochenischen Theologen Theodor von Mopsuestia erstmals ediert worden waren − daraus die
in dessen Gemeinde verwendete syrische Liturgie extrahiert
und übersetzt[17].

Walter Burkert ergreift in der ersten „Hans-Lietzmann-Vorlesung" das Wort zum Thema „Probleme einer übergreifenden
Religionswissenschaft". Hans Lietzmann war ein Theologe −
und das Verhältnis zwischen Theologie und Religionswissenschaft ist, warum sollte das an dieser Stelle auch verschwiegen
werden, in den vergangenen Jahrzehnten nicht immer einfach
gewesen; Vorurteile und scharfe Abgrenzungen waren zu beob-
achten[18]. Hans Lietzmann ist, trotz aller Offenheit gegenüber
der Religionswissenschaft seiner Zeit und trotz aller nun schon

---

[15] Vgl. dafür die bibliographischen Angaben im Vorwort, Anm. 8.
[16] Jüdisch-griechische Inschriften aus Tell ell Yehudieh, ZNW 22 (1923)
280−286 = ders., Kleine Schriften I. Studien zur spätantiken Religionsgeschichte, hg. v. K. Aland (TU 67), Berlin 1958, 437−445.
[17] A. Mingana, Commentary of Theodore of Mopsuestia on the Niceene
Creed (Woodbrooke Studies V), Cambridge 1932; ders., Commentary
of Theodore of Mopsuestia on the Lord's Prayer and on the Sacraments
of Baptism and the Eucharist (Woodbrooke Studies VI), Cambridge
1933; H. Lietzmann, Die Liturgie des Theodor von Mopsuestia,
SPAW. PH 23 (1933) 915−936 = ders., Kleine Schriften III, 71−97. Eine
verbesserte kritische Edition des Textes gaben R. Tonneau und R. Dev-
resse heraus: Les homélies catéchétiques de Théodore de Mopsueste.
Reproduction phototypique du Ms. Mingana Syr. 561 (Selly Oak Colle-
ges' Library, Birmingham), traduction, introduction, index par R. T. en
collaboration avec R. D. (SeT 145), Modena 1981 (= Città del Vaticano
1949); die lang vermißte deutsche Übersetzung von P. Bruns (Theodor
von Mopsuestia. Katechetische Homilien [FChr 17/1−2], Freiburg u. a.
1994/1995 [dort pp. 274−283 zur Liturgie]).
[18] Vgl. z. B. die Aufsätze in den Sammelbänden von C. Colpe, Theologie,
Ideologie, Religionswissenschaft. Demonstrationen ihrer Unterschei-
dung (ThB 68) München 1980; B. Gladigow/H. G. Kippenberg (Hgg.),
Neue Ansätze in der Religionswissenschaft, München 1983.

mehrfach beschriebenen Interdisziplinarität, mit Leib und Seele
ein evangelischer Theologe gewesen. Das ist nicht immer wahrgenommen worden und hat, wenn es wahrgenommen wurde,
überrascht, wie ein Brief Karl Barths von 1924 dokumentiert[19].
Aber schon der Hinweis auf Lietzmanns Aktivitäten bei der
Gründung der Thüringer Evangelisch-Lutherischen Kirche
müßte hier eigentlich ausreichen; wer je seinen knappen Be-
richt über das zufällige Zusammentreffen mit dem damaligen
Dekan der Jenaer theologischen Fakultät, Hans-Hinrich
Wendt, am 10. November 1918 gelesen hat, wird das sofort
bestätigen können. Lietzmann setzte Wendt damals auf der
Straße auseinander, daß die Jenaer theologische Fakultät die
Initiative beim Zusammenschluß der neun verschiedenen thü-
ringischen Landeskirchen übernehmen müsse. So geschah es
— und so dürfen wir Hans Lietzmann mit gewissem Recht
als den Gründungsvater der Thüringer Evangelischen Kirche
bezeichnen, der auch ihre Verfassung und theologische Grund-
legung auf den ersten Synoden der Jahre 1919/1920 tief geprägt hat[20]. Ich erwähne diese Zusammenhänge, weil wirkli-

---

[19] Rundbrief vom 26.11.1924: „Römerbrief bei Lietzmann. Hier große
Überraschung und Revision meines Urteils über den Mann. L. ist ganz
anders als aus seinen Kommentaren ersichtlich. Im Kolleg durchaus
nicht ledern, nicht polyhistorisch, nicht „unbeteiligt", sondern: ein ju-
gendlich quecksilbriges Männchen mit einem Haifisch-Gesicht, trägt fast
frei vor und zwar — ich war wirklich starr — den wirklichen Versuch
einer Erklärung (fast ohne philologisch-historisches Beiwerk)" (Karl
Barth. Eduard Thurneysen. Ein Briefwechsel aus der Frühzeit der dialek-
tischen Theologie [GTBS 71] München und Hamburg 1966, 172 = Karl
Barth-Eduard Thurneysen Briefwechsel, Bd. 2 1921–1930, bearb. und
hg. v. E. Thurneysen [Karl Barth-Gesamtausgabe V. Briefe], Zürich
1974, 288). Es folgt die Beschreibung eines amüsanten Zusammentref-
fens nach dem Besuch der Vorlesung.
[20] Text und Bemerkungen bei K. Aland (Hg.), Glanz und Niedergang der
deutschen Universität. 50 Jahre deutscher Wissenschaftsgeschichte in
Briefen an und von Hans Lietzmann (1892–1942), Berlin/New York,
75 f.

che Interdisziplinarität m. E. voraussetzt, daß die Unterschiede und charakteristischen Eigenheiten der jeweils beteiligten Disziplinen auch nicht verwischt werden – nur so wird ihre wechselseitige Angewiesenheit aufeinander deutlich und ihre Kooperation erfolgversprechend.

Hans Lietzmann ehrt man wohl am treffendsten und besten, indem man in seinem Sinne gemeinsam an der Erforschung der Antike weiterarbeitet – aber natürlich nicht nur aus diesem Grunde freuen wir uns, daß Walter Burkert die Reihe der „Hans-Lietzmann-Vorlesungen" in Jena eröffnet.

Klassisches Altertum und antikes Christentum

Probleme einer übergreifenden Religionswissenschaft

von Walter Burkert

Christentum und Kirchengeschichte haben ihren Anfang im sogenannten Klassischen Altertum. Was immer damals geschah,
es ereignete sich im hellenisierten Palästina zu der Zeit, als die
Römerherrschaft sich definitiv etablierte, dann im griechischen
Kleinasien und in Griechenland selbst, wohin der griechisch
sprechende und schreibende Mann aus Tarsos reiste, und führte,
dem zentripetalen Machtgefälle folgend, alsbald nach Rom. Die
Folge ist eine seit je bestehende, unlösbare Partnerschaft von
Altertumswissenschaft und Theologie, jedenfalls soweit Theologie sich als historisch versteht. Daß das Christentum eine Buch-
religion ist, die sich auf den griechischen Text des Neuen Testaments beruft, macht die Verbindung mit der Klassischen Philologie noch inniger.

Und doch hat diese Partnerschaft seit je ihre Spannungen und
Probleme. Daß die Altertumswissenschaft ihrerseits sich in Philologie, Archäologie und Historie im engeren Sinn aufspaltet,
macht die Verhältnisse nicht einfacher. Das Grundproblem liegt
aber darin, daß die Theologie ihren Anspruch, ihre Existenzbe-
rechtigung daraus bezieht, daß sie mehr ist als eine erklärende
Philologie, mehr als eine Literatur- und Übersetzungswissen-
schaft, mehr auch als antike Sozial- und Geistesgeschichte. Die
Philologie des Altertums ihrerseits nennt sich und ihren Gegenstand ‚klassisch‘ und beansprucht damit eine Dignität eigener
Art, die auf ein humanistisches, nicht theologisches Menschen-

bild hin tendiert. Wenn schließlich noch eine Allgemeine Religionswissenschaft auftritt, die Völker und Geschichte weltweit übergreifen möchte, fragt es sich erst recht, ob es noch zu einer Synthese oder nur zu begrenzten Zufallsbegegnungen, zu einem Spiel willkürlich gewählter Perspektiven innerhalb allgemeiner Orientierunslosigkeit kommen kann.

Die altchristliche Kirche hat aus der griechischen Bildungswelt nicht nur die Rhetorik, sondern auch die Philologie übernommen, die Interpretationsmethoden und auch die Textkritik.[1] Die christliche Philologie hat sogar entscheidende Schritte über die pagane Philologie hinaus getan – leider hat Rudolf Pfeiffer den zweiten Band seiner ‚Geschichte der Philologie‘, der dies hätte behandeln müssen, nicht geschrieben –. Erst die Philologie der Christen führte das genaue Zitieren eines Textes durch Paragraphen-Einteilung ein, wie sie Origenes fürs Neue Testament durchgeführt hat – die Klassikerausgaben haben dies erst seit den Renaissancedrucken nachvollzogen –, und sie brachte, als ganz neue Dimension von Philologie, die mehrsprachige Textausgabe, samt ausdrücklichen Reflexionen über die Übersetzungsproblematik.[2] Daneben ist als großartige philologisch-historische Leistung innerhalb der alten Christenheit auch die Weltchronik zu nennen, die die Weltgeschichte in ihren parallelen Verläufen sichtbar macht.[3]

Dennoch lebt das Selbstverständnis der Klassischen Philologie seit langem von der Distanzierung zur Theologie. Sie weiß sich geprägt vom Humanismus und Neuhumanismus mit dem Konstrukt des ‚Klassischen‘. Der Humanismus hat sich konstituiert, indem er die *humaniora* dem *divinum* entgegenstellte, und er hat dabei mit Entschiedenheit auf die paganen Klassiker

---

(Zu den Kurztiteln vgl. das Literaturverzeichnis)
[1] Vgl. Neuschäfer 1987.
[2] Vgl. Marti 1974.
[3] Vgl. Mosshammer 1979.

zurückgegriffen. Der antikirchliche Impuls konnte sich im Formalen verstecken: Man entdeckte das ‚gute‘ Latein und blickte stolz von der Höhe der ‚klassischen‘ Sprache aufs Mönchslatein herab – das immerhin eine Sprache lebendiger Kommunikation geblieben war. In welchem Sinn es überhaupt ‚gute‘ oder ‚schlechte‘ Sprache geben kann, hat man nicht diskutiert; der Stolz des Humanisten ging bruchlos über in die Hybris des Noten verteilenden Gymnasiallehrers.[4]

Die Griechischstudien im Abendland setzten ein im Schatten der türkischen Eroberung des Rhomäerreichs. Vermittler und Lehrer waren zunächst Flüchtlinge aus dem Osten; als der Zustrom dann austrocknete, blieb eine ‚reine‘ Wissenschaft, ein Griechisch ohne Griechen, das mit der erasmianischen Aussprache dann vollends die Verbindung zu den immer noch gegenwärtigen Griechen gekappt hat. Nicht das christliche Konstantinopel, das heidnische Athen wurde die ‚klassische‘ Metropole. Daß Griechisch je zum Schulfach wurde, verdankt es freilich allein dem Neuen Testament. Es stand mit dieser Auszeichnung neben dem Hebräischen; waren doch die drei Sprachen Hebräisch, Griechisch und Lateinisch auch durch die dreisprachige Aufschrift auf dem Kreuz erhöht und fixiert. Allerdings hatte man von den byzantinischen Rhetoriklehrern die ‚klassische‘ griechische Grammatik übernommen, von der das Neue Testament in peinlicher Weise abweicht; es hat, *horribile dictu*, die Verba auf *-mi* verlernt.

Mit der Aufklärung, die die Autonomie vom Kirchenregiment anstrebte, wurde die Distanz der Alten Sprachen und der an ihnen hängenden klassischen Bildung vom Klerikalen anders akzentuiert, aber umso deutlicher entfaltet, im Sinn eines neuen, aufgeklärten Humanismus. Wir Philologen pflegen die Erinne-

---

[4] Die Inhumanität eines Humanistischen Gymnasiums wird von A. Andersch, Der Vater eines Mörders, Zürich 1980, im Bild des Rektors Himmler vorgeführt.

rung daran, daß *Friedrich August Wolf*, der nachmals durch seine Homerstudien berühmte, sich an der Universität Göttingen dezidiert als *studiosus philologiae*, ohne *theologiae*, immatrikulierte. Erst neuerdings hat man freilich wieder darauf hingewiesen, daß Wolfs Homeranalyse wesentliche Impulse der eben begonnenen Pentateuch-Analyse verdankte.[5] Das eigentliche Problem der Klassischen Philologie hatte sich allerdings daraus ergeben, daß der Fortschritt der Kultur und des Geistes sich nunmehr eindeutig im Gewand der gesprochenen Nationalsprachen Europas vollzog, nachdem Naturwissenschaften und Medizin über die griechischen Klassiker definitiv hinausgekommen waren — die letzte vollständige Galen-Ausgabe wurde 1821 bis 1833 gedruckt —; auch die Philosophie hatte das Latein im Lauf des 18. Jh.s endgültig abgestreift. Die Philologie bedurfte einer neuen Legitimation und fand sie in einem neu betonten Begriff des Klassischen.

Im Geschichtsbild tauchen bald einmal Begriffe von ‚Aufstieg‘ und ‚Niedergang‘ auf. Über *Decline and Fall* schrieb *Edward Gibbon* schon um 1780.[6] Zum Begriff des Klassischen gehört die Vorstellung eines einmal erreichten Gipfels; zu ihm führt ein aufsteigender Weg, danach kann es nur noch abwärts gehen. Als Höhepunkte erscheinen einerseits das Athen des 5. Jh.s, andererseits das augusteische Rom. Was dann folgt, ist Niedergang; und hier ist das Christentum angesiedelt. Eine annehmbare Verbindung zum Christentum gelang allerdings mit der These, daß die antike Welt gerade in ihrem Verfall reif fürs Christentum geworden sei. Mit der Romantik trat eine andere Perspektive in den Vordergrund, die vom glücklichen ‚Ursprung‘. *The original genius of Homer* ist ein charakteristischer

---

[5] Zu Wolf vgl. Pfeiffer 1976, 173. Beziehung zur Pentateuch-Forschung: Einleitung zu Wolf 1985. 18−26; 227−231.

[6] E. Gibbon, History of the Decline and Fall of the Roman Empire I−VI, London 1776−1788.

Titel schon aus dem 18. Jh.[7] Zugleich mit der Bewunderung
für ein ,Originalgenie' konnte durchaus auch der Zauber der
,Kindheit des Menschengeschlechts' zur Wirkung kommen.
Nun, Ursprung oder Höhepunkt, am besten beides zugleich, damit konnte die Klasssische Philologie, in der nunmehr die griechische Philologie das Übergewicht gewann, ihren Anspruch fe-
stigen, etwas anderes als, sagen wir, Turkologie zu sein. So
wurde das bürgerliche ,Humanistische Gymnasium' mit den
klassischen Kernfächern als die europäische Standardschule des
19. Jh.s organisiert.[8]

Dabei kam ein zusätzlicher antitheologischer Impuls mit
neuer Kraft seit dem Ende des 18. Jh.s ins Spiel, der am einfach-
sten mit dem Namen *Winckelmann* anzusprechen ist:[9] Mit
Winckelmann begeistern wir uns an der diesseitigen Körperlich-
keit der griechischen Plastik, im Kontrast zu der aufs Überwelt-
liche zielenden christlichen Kunst, einschließlich der zum Him-
mel weisenden Gotik. Ich erinnere mich selbst, wie störend
fremdartig mir bei meiner ersten Griechenlandreise die byzantinischen Ikonen erschienen. Die klassische Nacktheit wurde als
Ideal der Schönheit und der Natürlichkeit neu gesehen; sie war
freilich schon seit der Renaissance eine Herausforderung gewesen, der sich die Künstler stellten, Michelangelo vor allem. Mit
reinem, ,interesselosen Wohlgefallen' tun sich da freilich selbst
die Modernen noch schwer. Das sexuelle Moment, das mit-
schwingt, ist nun einmal nicht auszuschließen, auch wenn es,
was klassische Kunst anlangt, *ad usum Delphini* meist explizit
abgestritten wurde. Das homosexuelle Moment in Winckel-
manns Griechen-Begeisterung ist erst neuerdings ins Zentrum

---

[7] R. Wood, An essay on the original genius and writings of Homer, London 1769; Versuch über das Originalgenie Homers, dt. v. Michaelis,
Frankfurt 1773.

[8] Vgl. hierzu Bolgar 1980.

[9] Zu Winckelmann vgl. H. Sichtermann, Kulturgeschichte der Klassischen
Archäologie, München 1996.

des Interesses gerückt; es wurde seinerzeit nicht diskutiert. Aber der Kontrast einer heidnischen Diesseitsbejahung gegenüber christlicher Weltflucht machte und macht immer wieder Eindruck; er ist schon zu jener Zeit besonders eindringlich in Goethes Ballade von der *Braut von Korinth* festgehalten.

Die Distanzierung der Philologie von der Theologie gewann eine weitere Dimension durch die sprachwissenschaftliche Entdeckung, die zu Beginn des vorigen Jahrhunderts erfolgte, die Rekonstruktion des ‚Indogermanischen'. Das ‚Indogermanische' war zumal aus gymnasialer Sicht sehr wohl zu gebrauchen, das Band zwischen Griechisch und Deutsch enger als zuvor zu knüpfen; auch Latein gehörte zum Bunde, doch war es im Deutschland der nachnapoleonischen Epoche durch die Aversion gegen das Französische belastet. Definitiv ausgegrenzt aber wurde damit das Alte Testament, das zuvor − noch bei *Johann Gottfried Herder* − so selbstverständlich neben den griechischen und lateinischen Texten gestanden hatte. Dem ‚Indogermanischen' gegenüber erscheint nun das ‚Semitische' als das ganz Fremde.[10] Wir sind heutzutage sehr hellhörig geworden für Ansätze des Antisemitismus, die hier einfließen konnten. Die bedeutenden Vertreter der Klassischen Philologie im vorigen Jahrhundert waren von bewußtem Antisemitismus weit entfernt. Aber daß Kultur im Sinn der Distanzierung zu fassen ist, griechische Kultur zumal im Kontrast zum ‚Orientalischen', das wurde fast selbstverständlich hingenommen und weiter ausgeführt. *Ulrich von Wilamowitz-Moellendorff*, der bedeutendste Gräzist um die Jahrhundertwende, hat als Gymnasiast in Schulpforta mit Selbstverständlichkeit noch Hebräisch gelernt;[11] er hat sich das später nicht mehr anmerken lassen, wohl aber seine Distanzierung zum ‚Semitischen' und ‚Orientalischen' wieder-

---

[10] Vgl. L. Poliakov, Le mythe arien, Paris 1971; M. Olender, Les langues du Paradis, Paris 1989; Burkert 1992, 2 f.
[11] Wilamowitz 1974, 116 f.

holt betont.[12] Eine Konsequenz der Abgrenzung war, daß eine der ganz großen Leistungen der Geisteswissenschaft des 19. Jh., nämlich die Wiederentdeckung des Alten Orients mit der Entzifferung von Hieroglyphen und Keilschrift, von der Klassischen Philologie nicht zur Kenntnis genommen wurde.[13] Dabei war diese Entdeckung angetan, den Griechen für immer den Nimbus vom Ursprung der Menschheitskultur zu entreißen. Dies freilich hat unsere Bildungswelt bis heute nicht rezipiert.

Zur beherrschenden Bildungsmacht des 19. Jahhunderts wurde die Geschichtswissenschaft. Sie mußte als die große umfassende Geisteswissenschaft auch die Theologie des Neuen Testaments und die Geschichte des frühen Christentums mit der Profangeschichte im allgemeinen und der 'klassischen' Philologie im besonderen wieder zusammenführen. Hinzu trat, als die aufs Materielle gestützte Geisteswissenschaft, die Archäologie, die sich in der zweiten Jahrhunderthälfte glänzend entfaltete. Freilich mußten die Partner in der neuen Zusammenarbeit ihre Sonderansprüche zurücknehmen oder zumindest zurückstellen: Das Überzeitlich-Absolute der Theologie hat ebenso wenig Raum in der Historie wie das Klassische der Philologie. Gerade Wilamowitz hat dies wiederholt als den wesentlichen Wandel bezeichnet, daß „die Philologie selbst zur Geschichtswissenschaft geworden ist."[14] Daß Wilamowitz mit dem ihm eigenen persönlichen Temperament auf Wertungen in keiner Weise verzichtete und einer ganz bestimmten ‚klassischen,' auch traditionell-national geprägten Vorstellung vom ‚Hellenentum' als einem einmaligen Höhepunkt anhing, braucht nicht zu erstaunen.
Die Theologie ihrerseits hatte seit langem ihre Mühe und Plage damit gehabt, Philologie und Historie zuzulassen. Es wäre

---

12 Vgl. Burkert 1992, 154 Anm. 9.
13 Vgl. Burkert 1991.
14 U. v. Wilamowitz-Moellendorff, Homerische Untersuchungen, Berlin 1884, 417 f.; vgl. Euripides Herakles I, Berlin 1889 = Einleitung in die

vermessen, die ‚Geschichte der Leben-Jesu-Forschung' hier auf-
zurollen.[15] Es sei nur eben an den berühmten Streit um die ‚Wol-
fenbütteler Fragmente' erinnert, die *Lessing* herausgab, und aus
Zürcher Sicht erwähnt, welche Schwierigkeiten *David Friedrich
Strauß* der löblichen Stadt Zürich und ihrer neugegründeten
Universität mit dem sogenannten ‚Straußenhandel' beschert hat;
man war froh, ihn wieder los zu werden. Es gab viel gereizte
Apologetik im vorigen Jahrhundert, es gab freilich auch latent
oder offen antichristliche Offensiven mit dem deutlichen Ziel,
der christlichen Kirche ihren Anspruch des einmaligen überna-
türlichen Wunders zunichte zu machen.

In der Praxis von Universität, Schule und Kirche entwickelten
sich im Rahmen des aufblühenden Kulturbetriebs Philologie
und Theologie eher nebeneinander, ohne viel Berührung: Während die Klassische Philologie die Methode der Textkritik entwickelte und erfolgreich anwendete,[16] brachte der *Abbé Migne*
seine ungeheure Sammlung der griechischen und lateinischen
Kirchenschriftsteller praktisch ohne Textkritik zum Drucker; in
den sich dann bildenden klassisch-philologischen Seminarien
hinwiederum war ‚der Migne' nicht zu finden und wurde nicht
vermißt. Allerdings, die Theologie hat die Methode der Textkritik übernommen: Die Ausgaben des Neuen Testaments und die
noch nicht abgeschlossene Neuausgabe der Septuaginta[17] sind
schlechthin musterhaft; sie werden aber von den Philologen wenig zur Kenntnis genommen. Auch die Evangelien-Synopsen

---

griechische Tragödie, Berlin 1907, 254 f. Bemühungen um einen neuen
Begriff des ‚Klassischen' setzten nach dem ersten Weltkrieg ein, vgl. Jae-
ger 1933; zur Situation nach dem zweiten Weltkrieg Reinhardt 1960;
Hölscher 1965 sowie Fuhrmann-Tränkle 1970.
[15] Zu nennen bleibt honoris causa A. Schweitzer, Geschichte der Leben-
Jesu-Forschung, Tübingen 1906, 1926[4] (= UTB 1302, Tübingen [9]1984).
[16] S. Timpanaro, La genesi del metodo di Lachmann, Padova 1963, 1981[2].
[17] Septuaginta. Vetus Testamentum Graecum auctoritate Academiae Scien-
tiarum Gottingensis editum, Göttingen 1931 ff.

sind philologische Meisterwerke[18] - sie sind, fürchte ich, nicht in allen Klassisch-philologischen Seminarien zu finden. Immerhin ist das Kittelsche Wörterbuch doch wohl inzwischen als unser umfangreichstes bedeutungsgeschichtliches Lexikon auch für paganes Griechisch in regem Gebrauch.[19] Sonst pflegt die Gräzistik das Neue Testament beiseite zu lassen oder allenfalls als ein Beispiel der unklassischen *Koine* mit einem Blick zu streifen. Erst recht galt weithin das Byzantinische als unsympathisch und das Neugriechische als nicht vorhanden. Hier ist erst durch den Tourismus eine Wende eingetreten.

Im übrigen war im Bereich eines aufgeklärten bürgerlichen Humanismus ‚freisinnige' Distanzierung zur Kirche in der Klassischen Philologie durchaus verbreitet. So wird von dem Basler *Peter von der Mühll*, der als ausgezeichneter Graezist mehr als 50 Jahre lang an der Basler Universität gelehrt hat, berichtet, daß er in seinem Seminar von einer καινὴ διαθήκη nichts wissen wollte. Bei *Nietzsche*, dem Pfarrerssohn und Klassischen Philologen, wurde die Ablehnung des Christentums zur Leidenschaft. In seinem und in Goethes Geist schrieb *Walter F. Otto* das eindrucksvollste Buch über die Götter Griechenlands, nachdem er dem Christentum ausdrücklich abgesagt hatte.[20]

Mit dem Fortgang des 19. Jahrhunderts, mit dem Aufblühen der Universitäten und mit der Großorganisation der Wissenschaft kam nun allerdings eine scheinbar konfliktlose Zusammenarbeit von Philologie und Theologie unter dem Mantel der Historie schließlich zur vollen Entfaltung. *Theodor Mommsen* brachte *Friedrich Leo* dazu, wider Lust und Willen auch Venan-

---

[18] K. Aland, ed., Synopsis quattuor Evangeliorum, Stuttgart 1963, 1985[13].

[19] H. Kittel, G. Friedrich (Hgg.), Theologisches Wörterbuch zum Neuen Testament (11 Bde.), Stuttgart 1933−1979.

[20] W. F. Otto, Der Geist der Antike und die christliche Welt, Bonn 1923 − eine Wiederveröffentlichung dieser Schrift hat Otto später nicht gewünscht. − Die Götter Griechenlands, Bonn 1929 (oft nachgedruckt). Otto war in Bonn zusammen mit Lietzmann Teilnehmer an Useners Seminar gewesen.

tius Fortunatus zu edieren.[21] *Eduard Schwartz* fand im Fortgang
seiner Studien fast organisch von der griechischen Geschichtsschreibung über die Vorformen der Weltchronik zur Edition der
Konzilsakten.[22] Im übrigen mag es genügen, an das Nebeneinander von Wilamowitz und Adolf von Harnack an der Berliner
Akademie zu erinnern. Ein bleibendes Monument ist die Ausgabe der ‚Griechischen christlichen Schriftsteller' durch die Berliner Akademie; das Unternehmen hat die DDR überdauert und
findet mit der ersten kritischen Ausgabe der Kirchengeschichte
des Sokrates durch G. C. Hansen seine bedeutende Fortsetzung.[23] Übrigens war Wilamowitz als Graezist sich dessen voll
bewußt, wie groß der Anteil der christlichen Autoren an der
griechischen Literatur insgesamt ist; er hat sie entsprechend ein-
bezogen in seine ‚Geschichte der griechischen Literatur'.[24] Mit
dem monumentalen Werk von *Eduard Meyer, Geschichte des
Altertums*, wurde nicht nur Israel, sondern der gesamte Alte
Orient in die Geschichte der nicht mehr klassischen Antike integriert.[25]

Eine allgemeine, vergleichende Religionswissenschaft hat sich
im Lauf des 19. Jh.s entwickelt. Religionswissenschaft, die nur
teilweise eine historische Wissenschaft ist, verdankte einen Gut-
teil ihrer Informationen der Arbeit christlicher Missionare,

---

[21] Siehe E. Fraenkel in: F. Leo, Ausgewählte Kleine Schriften I, Rom 1960. XVI f.
[22] Zu E. Schwartz A. Momigliano, Premesso per una discussione su Eduard Schwartz, in: VII Contributo alla storia degli studi classici e del mondo antico, Roma 1984, 233−244; W. M. Calder III, R. L. Fowler, The Pre-served Letters of Ulrich von Wilamowitz-Moellendorff to Eduard Schwartz, SBAW.PH 1986,1.
[23] G. C. Hansen (Hg.), Sokrates Kirchengeschichte (GCS.NF 1), Berlin 1995.
[24] Wilamowitz 1905/1912.
[25] Meyer 1884 ff.; zu Meyer vgl. W. M. Calder III, A. Demandt, Eduard Meyer. Leben und Leistung eines Universalhistorikers (Mnemosyne. Suppl. 112), Leiden 1990.

konnte aber ihre Eigenständigkeit nur in der Distanz zur Kirche gewinnen. Sie akzentuierte sich mit dem Fortschrittsgedanken, vom Primitiven zum Vollendeten. Dabei konnte das Christentum durchaus eine Spitzenrolle gewinnen oder vielmehr behalten als die am höchsten entwickelte Religion — sofern man den Islam als nachchristliche Religion großzügig übersah —. Religionswissenschaft konnte aber auch im romantischen Impuls nach dem ‚Ursprünglichen‘ als dem Eigentlichen fragen. Unter dem einen oder anderen Gesichtspunkt wurden die alten, vorchristlichen Religionen von neuem interessant. Was die Ethnologie zutage förderte, war zumindest teilweise allerdings so kraus und fremdartig, daß es geeignet war, das Selbstverständnis des Menschen überhaupt in Frage zu stellen ist. Doch gelang es vorerst, dergleichen durch die Markierung als ‚primitiv‘ in wohlige Distanz zu rücken.

Bestimmend in der Entwicklung der Religionswissenschaft waren einerseits deutsche Volkskunde, andererseits englische Ethnologie. Die deutsche Linie führt von *Wilhelm Mannhardt* und *Hermann Usener* zu *Albrecht Dieterich*, die englische von *E. B. Tylor* zu *James George Frazer* und *Jane Harrison*.[26] Nicht zufällig spielte dabei der mit der englischen Kirche in Konflikt geratene Robertson Smith eine zentrale Rolle, mit grundlegenden Einsichten zum Opferritual und zum Zusammenhang von Mythos und Ritus.[27] Besondere Aufmerksamkeit fand vorübergehend *Max Müller*, der auf Grund seiner Sanskrit-Studien eine auf zweifelhaften Etymologien aufbauende Sonnen-Mythologie errichtet hatte.[28] Dies ließ sich relativ problemlos rezipieren.

Mit der Theologie hatte sich die Religionswissenschaft von Anfang an auseinanderzusetzen; die Theologie ihrerseits geriet

---

[26] Vgl. Schlesier 1994 mit reichen Literaturangaben, bes. auch (193−241) zur Usener-Schule; zur Mythologie Burkert 1980.

[27] W. R. Smith 1889/1894; vgl. Beidelman 1974; M. Smith in Calder 1989, 251−261.

[28] Vgl. zu Max Müller H. J. Klimkeit in: Encyclopedia of Religion X (1987) 153 f.

in Schwierigkeiten, insofern die Einzigartigkeit der jüdisch-christlichen Offenbarung in Frage gestellt wurde. *Ernest Renan* betrachtete die Mithras-Mysterien als eine mögliche Alternative zum Christentum.[29] Mannhardt fand Riten vom ‚getöteten Vegetationsgott‘; bei Frazer wurde daraus das allgemeinere Mythologem vom ‚sterbenden und auferstehenden Gott‘, Adonis-Attis-Osiris − hier schienen Parallelen, ja Konkurrenzentwürfe zum Christentum mit seiner Botschaft von Tod und Auferstehung in den Blick zu treten. Inwieweit eben das christliche Vorverständnis der religionsgeschichtlichen Interpreten dabei den Blick lenkte, hat man damals nicht gefragt; erst in unserem Jahrhundert wurde darüber grundsätzlich reflektiert − wobei man mit Frazers Mythologem nicht gut gefahren ist.[30] *Robertson Smith*, der in seinem so wirkungsvollen Buch ‚Religion of the Semites‘ das Alte Testament in einen allgemeinen Kontext ‚primitiver‘ Rituale rückte, wurde von der englischen Kirche ausgeschlossen; doch wurde sein Buch von Theologen ins Deutsche übersetzt.

Denn in der protestantischen deutschen Theologie, der ‚liberalen‘ Theologie zumindest, wurde gegen Ende des 19. Jh.s die Religionswissenschaft mehr und mehr akzeptiert. Ein Monument dieser Rezeption ist die Enzyklopädie *Die Religion in Geschichte und Gegenwart*, die erstmals 1909−1913 von *Hermann Gunkel* herausgegeben wurde.[31] Die radikale Distanzierung der Theologie von der Religionswissenschaft ist dann, als Gegenschlag, durch *Karl Barth* formuliert worden, mit der paradoxen These, das Christentum sei überhaupt keine Religion, insofern Religion das tastende Suchen irregeleiteter Menschen nach Gott

---

[29] E. Renan, Marc Aurèle et la fin du monde antique, Paris 1882, 579, vgl. Burkert 1994, 11.
[30] Vgl. Colpe 1969.
[31] H. Gunkel/L. Zscharnack, Hg., Die Religion in Geschichte und Gegenwart, 1909/13; 1927/32[2]; K. Galling, Hg., 1957−1965[3]; eine vierte Auflage ist im Entstehen.

oder Göttern bedeute, das Christentum aber von der Offenbarung zeuge, die von Gott den Menschen zukam. Religionswissenschaft, vergleichende Religionswissenschaft, wie sie sich seit dem 19. Jh. konstituiert hatte, wäre demnach für christliche Theologie im Prinzip belanglos.

Auch die Altertumswissenschaft hatte mit der Religionswissenschaft ihre Schwierigkeiten, schien doch an Stelle des ‚Klassischen‘ nunmehr das ‚Primitive‘ an die Oberfläche zu kommen. So blieb es generationenlang kontrovers, inwieweit man sich den religionswissenschaftlichen Perspektiven öffnen oder davon abgrenzen solle, ob man vergleichend vorgehen dürfe oder sich auf das ‚rein Philologische‘ zu beschränken habe.

Dabei war es doch in erster Linie Hermann Usener gewesen, ein unbestreitbarer Meister der Philologie, der in der Klassischen Philologie Deutschlands die Religionswissenschaft etablierte und zugleich die Brücke zur Theologie schlug. Daneben steht, als philologische Glanzleistung von großer religionswissenschaftlicher Relevanz, *Erwin Rohdes Psyche*.[32] Useners Schwiegersohn Albrecht Dieterich hat dann der Religionswissenschaft im Bund mit der Altertumswissenschaft einen eigenen Status gegeben, vor allem durch die Gründung des *Archivs für Religionswissenschaft* und der Reihe der *Religionswissenschaftlichen Versuche und Vorarbeiten*, die religionsgeschichtliches Material im Detail zu dokumentieren bestimmt war. Usener hatte auch die Verlagerung des Interesses von Dogmen und Mythen auf die ‚heilige Handlung‘, auf das Ritual inauguriert. *Martin P. Nilsson*, dem wir das bedeutendste Handbuch zur griechischen Religion verdanken, hat sich dieser Richtung emphatisch zugerechnet.[33] Usener schrieb aber auch über ‚Sintflutsagen‘, über ‚das Weihnachtsfest‘ und über den ‚Heiligen Tychon‘.[34] Es ging ihm dabei ebenso um heidnische Vorgaben für

---

[32] Rohde 1894, 1898[2] (oft nachgedruckt).
[33] Nilsson 1967,10.
[34] Usener 1889, 1899, 1907.

Christliches wie um heidnische Relikte im Christlichen. Auch
Albrecht Dieterichs bedeutendste Leistungen konzentrieren sich
auf spätantike Texte aus dem Umfeld des Christentums: *Nekyia*
(1893) ging von der neuentdeckten Petrus-Apokalypse aus, *Abraxas* und *Eine Mithrasliturgie* machten Zauberpapyri zum Gegenstand der Religionswissenschaft; dabei brachte die *Mithrasliturgie* vor allem vielbeachtete Materialien zum ‚Hieros Ga-
mos‘, zur Sexualität im Mysteriengeschehen.[35]

Useners Schüler in Bonn war auch *Hans Lietzmann*.[36] Er ging
dementsprechend als strenger Philologe vom Studium der
Handschriften aus, behandelte aber mit dem neugeweckten Interesse vornehmlich das Ritual, die christliche Liturgie in ihrer
variantenreichen Entwicklung. Dies führte zu dem Buch *Messe
und Herrenmahl*, aber auch zu wichtigen Editionen in der von
ihm geschaffenen Reihe von den ‚Kleinen Texten für Vorlesungen und Übungen‘.[37]

Die innige Berührung von Altertumswissenschaft und Theologie in der Religionswissenschaft, die von Usener ausging, ist
auch im Werk *Eduard Nordens* fortgeführt. Norden veröffentlichte 1903 den großen Kommentar zum 6. Buch der Aeneis,
der in vielem an Albrecht Dieterichs *Nekyia* anknüpft; Norden
rühmt sich dort, die jüdisch-christlichen Apokalypsen ‚vollstän-

---

[35] Dieterich 1891, 1893, 1901. Text und Kommentar der ‚Mithrasliturgie‘,
jetzt Pschai-Aion-Liturgie genannt, in: R. Merkelbach, Abrasax. Ausgewählte Papyri religiösen und magischen Inhalts III (ARWA. Pap. Col.
17) Opladen 1992, 155−183, 233−249, vgl. R. Merkelbach, Isis regina
− Zeus Sarapis. Die Religion um Isis und Serapis in griechisch-römi-
scher Zeit. Stuttgart und Leipzig 1995, 178−181.

[36] Hans Lietzmann, 2.3.1875−25.6.1942; vgl. Lietzmann 1926; Bornkamm
1942, mit der Bibliographie von K. Aland, ib. 12−33 (= revidiert in
H. L., Kleine Schriften III, 377−405) und Bornkamm 1943; Radermacher 1943. Lietzmann war Professor in Jena 1905−1924, danach als
Nachfolger Harnacks in Berlin, Mitglied der Berlincr Akademie seit
1927.

[37] Kleine Texte für Vorlesungen und Übungen, hg. v. H. Lietzmann, Bonn
1902 ff.

dig' zu kennen. 1913 folgte *Agnostos Theos*, ein Buch, das schon im Titel das Neue Testament zitiert. Es gab der Theologischen Fakultät der Universität Bonn den Anlaß, Eduard Norden 1917 das Ehrendoktorat in Theologie zu verleihen. Mit dankender Widmung publizierte Norden dann 1924 *Die Geburt des Kindes*, eine große Synthese von Vergils Vierter Ekloge mit Hellenistisch-Ägyptischem und Neutestamentlichem, das in seine Umwelt bruchlos eingefügt erscheint.[38]

Parallel dazu entwickelte sich, mit Zentrum Göttingen, eine eigentliche ,religionsgeschichtliche Schule', bei der länger zu verweilen ist; handelt es sich doch wohl um die bedeutendste Symbiose von Altertumswissenschaft und Theologie in unserem Jahrhundert im Zeichen einer übergreifenden Religionswissenschaft, die zentrale Botschaften des Christentums aus Früherem abzuleiten unternahm – ein Weg, der dann doch wieder aufzugeben war.[39] Die ,religionsgeschichtliche Schule' hat sich im Bereich des Altertums auf den sogenannten Synkretismus konzentriert, auf Mysterien, Gnosis, Hermetik. Hier also war das Prinzip überwunden, Kultur vor allem als Abgrenzung zu sehen; Kulturbegegnung, Kulturvermischung rückte ins Zentrum der Aufmerksamkeit.

Die ,religionsgeschichtliche Schule'[40] hat sich in Göttingen konstituiert. *Hermann Gunkel* war es vor allem, der es unternommen hatte, Religionswissenschaft und insbesondere Mythologie konsequent zur Interpretation des Alten Testaments und dann auch des Neuen Testaments heranzuziehen,[41] während *Wilhelm Bousset* von seinen Studien übers Judentum zu irani-

---

[38] Norden 1906, 1913, 1924; vgl. zu Norden Kytzler-Rudolph-Rüpke 1994.

[39] Auf Colpe 1961 sei von Anfang an verwiesen.

[40] Zum Namen Colpe 1961, 8,1; Ittel 1956; vgl. auch Paulsen 1958, Troeltsch 1962, Sänger 1980, Rollmann 1982.

[41] H. Gunkel, Schöpfung und Chaos in Urzeit und Endzeit, Göttingen 1895 (1921²); Zum religionsgeschichtlichen Verständnis des Neuen Testaments (FRLANT 1), Göttingen 1903 = 1910; Das Märchen im Alten Testament, Tübingen 1917 = Meisenheim/Glan 1987.

schen Traditionen geführt wurde.[42] Mit der Erforschung der
iranischen Überlieferung in religionsgeschichtlicher Sicht hatte
eben damals *Nathan Söderblom* begonnen, irritiert von Nietz-
sches Zarathustra,[43] was Wilhelm Bousset nun aufgriff. Der
Alleinvertretungsanspruch des Hebräischen wurde damit relati-
viert. Damit begegneten sich die Forschungen des klassischen
Philologen *Richard Reitzenstein*. Reitzenstein lehrte zuerst in
Straßburg, dann in Freiburg, seit 1914 aber in Göttingen.[44] Er
war von seinen grundlegenden Untersuchungen zu den Griechischen Etymologica — ein wichtiges, aber wenig anregendes
Thema[45] — durch die Arbeit an einem Straßburger Papyrus kos-
mologischen Inhalts zur Spätantike, besonders zur ägyptisieren-
den Geistesgeschichte geführt worden;[46] so legte er wenig später
eine umfassende Studie zur ersten Schrift des *Corpus Hermeticum* vor, *Poimandres* (1904). Ihn faszinierte das Ineinander von
Griechischem und Nichtgriechischem, angeblich Ägyptischem,
in diesem und in verwandten Texten. Er nannte dies ‚hellenistisch‘, zunächst im Sinn der Kulturbegegnung, insofern orienta-
lische Spiritualität sich hier im Gewand griechischer Mythologie
und griechischer Philosophie Ausdruck verschaffe; dann aber
nahm er ‚hellenistisch‘ auch im historischen Sinn einer Epochen-
bestimmung: ‚Hellenistisch‘ kennzeichnet dann den Zeitraum
zwischen Alexander dem Großen und Augustus; mit anderen
Worten: Die These entstand, daß diese Art von synkretistischen

---

[42] Bousset 1907; zu Bousset siehe Verheule 1973.
[43] Vgl. J. Bergman in: Faculty of Theology at Uppsala University, Uppsala 1976, 4−8.
[44] Richard Reitzenstein, 4.4.1861−23.3.1931. Vgl. die Festschrift Reitzen-stein 1931; W. Fauth in: Classen 1989, 178 ff. − Reitzensteins erste selb-ständige Publikationen waren Verrianische Forschungen, Breslau 1887; Epigramm und Skolion, Gießen 1893.
[45] Geschichte der griechischen Etymologika, Leipzig 1897.
[46] Reitzenstein 1901; der Papyrustext ist neu ediert bei E. Heitsch (Hg.), Die griechischen Dichterfragmente der römischen Kaiserzeit (AAWG. PH 49), Göttingen 1963², nr. XXIV (p. 82−85).

Texten, von religiösen Lehren ihren Ursprung schon in der hellenistischen Epoche, also lange vor der römischen Kaiserzeit
und vor dem Neuen Testament habe, in der Begegnung der
Griechen mit den östlichen Kulturen, der persischen, babyloni-
schen, syrischen, ägyptischen Kultur. In diesem Zusammenhang
zog Reitzenstein gnostische Texte heran, vor allem die von ihm
so genannte ‚Naassenerpredigt‘, die der Bischof Hippolytos
überliefert; er versuchte, den Text als im Kern vorchristlich zu
erweisen, indem er durch Textanalyse eine nicht-christliche Fassung rekonstruierte.[47] Was er auf diese Weise zu fassen glaubte,
war ein Mythos von *Anthropos* dem ‚Menschen‘, seinem Fall
und seiner Erlösung. Natürlich stand die Bezeichnung ‚Men-
schensohn‘ aus *Daniel* und Neuem Testament im Hintergrund;
es eröffneten sich aber weit zurückreichende Perspektiven, wo-
nach die jüdisch-christliche Erlösungsbotschaft in viel Älterem
zu verorten wäre.

Reitzensteins Publikation traf sich mit den Forschungen von
Wilhelm Bousset zum *bar änash*, der auch Bousset als nicht-
jüdisch erschien; Bousset wies auf die iranischen Gestalten von
‚Urmenschen‘ hin, Yima und Gayomart. Bousset zog ferner die
Mandäer heran, deren Texte eben damals zugänglich wurden,[48]
ebenso manichäische Texte, die alsbald durch neue Zeugnisse
aus den Turfan-Funden erweitert wurden. Boussets Synthese
liegt in dem Buch *Hauptprobleme der Gnosis* von 1907 vor.
Reitzenstein und andere gingen weiter auf den damit gewiese-
nen Wegen. Die Gnosis, die bislang als christliche Häresie gese-

---

[47] Zur ‚Naassener-Predigt‘ Reitzenstein 1904, 81−102; Reitzenstein-Schaeder 1926, 161−173; vgl. auch Lietzmann Geschichte der Alten Kirche I,
289−291. Kritische Neubehandlung durch Frickel 1984, der zwei Schich-
ten christlicher Gnosis in dem Text zu scheiden versucht; Vorchristliches
bleibt unbestimmbar.
[48] Vgl. Rudolph 1960. Hingewiesen sei auf die kritische Stellungnahme von
H. Lietzmann, Ein Beitrag zur Mandäerfrage, SPAW.PH 1930, 596−608
= ders., Kleine Schriften I, 124−140.

hen worden war,[49] wurde damit zu einem weit umfassenderen
und auch weit älteren Phänomen: *Gnosis als Weltreligion*, um
den Titel von Gilles Quispel (1951) vorwegzunehmen.

1910 veröffentlichte Reitzenstein dann sein einflußreiches
Buch *Hellenistische Mysterienreligionen*, das drei Auflagen er-
fuhr und vor allem durch seinen Titel Epoche gemacht hat.[50]
Sehr wichtig wurden dabei die Werke Philons von Alexandreia,
der in den ersten Jahrzehnten unserer Zeitrechnung schrieb. In
der Folgezeit aber begann Reitzenstein, seine Aufmerksamkeit
mehr und mehr auf das iranische Schrifttum zu richten, auf
manichäische Fragmente und auf Bücher der Zarathustra-Reli-
gion, Bücher, die erst im 9. Jh. n. Chr. in der Pahlavi-Sprache
geschrieben sind; sie geben allerdings ohne Zweifel ältere Traditionen wieder. Reitzenstein hat anscheinend weder Ägyptisch
noch iranische Sprachen je selbständig gelernt;[51] er fand in Göttingen einen sprachkundigen Mitarbeiter in dem Iranisten Hans
Heinrich Schaeder. *Das iranische Erlösungsmysterium* heißt
Reitzensteins Buch von 1921, das dem umfassenden Anspruch
des Titels freilich kaum gerecht wird, vielmehr einzelne Texte
bespricht; *Studien zum antiken Synkretismus aus Iran und Griechenland* erschien dann als die gemeinsame Publikation von
Reitzenstein und Schaeder 1926. Die antike Geisteswelt wird
damit in kühner Weise ausgeweitet, von Griechenland bis Bak-
trien, und von den Sassaniden gelangt man in eine vorzarathu-
strische ‚iranische Geisteswelt‘. Der Mythos vom Urmenschen,
dem ‚erlösten Erlöser‘ wird immer wieder umkreist und ent-

---

[49] Vgl. A. v. Harnack, Lehrbuch der Dogmengeschichte I, Tübingen 1909[4],
250:"acute Verweltlichung, resp. Hellenisirung des Christenthums".

[50] Reitzenstein 1910 / 1927.

[51] Er arbeitete in Straßburg mit Spiegelberg zusammen.Vgl. das Urteil von
Richard Heinze, „daß Reitzenstein infolge seiner Hinwendung zum ori-
entalischen religiösen Schrifttum, das er meist nur aus Übersetzungen
kenne, die Präzision des Interpretierens verloren habe," E. Burck in: EI-
KASMOS. Festgabe für Ernst Vogt, (Quaderni Bolognesi di Filologia
Classica 4) Bologa 1993, 65.

deckt, ein Menschheitsmythos, der offenbar viel später das Christentum mitgestaltet hat.

Der Kritiker kann anmerken, daß die ‚religionsgeschichtliche Schule' Religion im wesentlichen als eine Tradition von Ideen sah, die in kontinuierlicher Kette weitergegeben und weiterentwickelt wurden,[52] Ideen, die sich schriftlich ausformulieren lassen, die auch in verlorenen Texten enthalten waren, welche zu rekonstruieren dann philologische Aufgabe bleibt. Philologie qua Traditionswissenschaft hat große Affinität und durchaus Sympathie mit einem solchen Zugang. Trotzdem fehlt, worauf doch die ‚primitivistische' Religionswissenschaft schon zu Beginn des Jahrhunderts aufmerksam gemacht hatte, die Praxis der Rituale samt dem sozialen Umfeld. Insbesondere der soziologische Zugang, den *Emile Durkheim* begründet hat,[53] ließ sich nicht mit diesem Paradigma der Texte-Entwicklung und Ideen-Sukzessionen verbinden.

Man wird auch festhalten, daß die iranischen Rekonstruktionen ein halsbrecherisches Unterfangen sind, indem sie kühnlich fast zwei Jahrtausende überspringen, um von den Pahlavi-Büchern des 9. Jh. n. Chr. bis zum Vor-Zarathustrischen zu gelangen. Die großen Leistungen der Schule von Uppsala, besonders *Geo Widengrens* sollen damit nicht geschmälert sein.[54] Doch Vorsicht ist am Platze.

Nachträglich mag sich ein weiteres Bedenken regen: Das Christentum erscheint in der ‚religionsgeschichtlichen Schule' nicht mehr als wesenhaft jüdisch, die Gnosis ist nicht mehr christliche Verirrung. Das Mysterienhafte wird im Synkretismus entdeckt; die Unsterblichkeit, die Zeitenspekulation, der Seelenmythos, der ‚Gott Mensch', all dies erscheint im Altiranischen

---

[52] Die Nähe zu Ernst Troeltsch, dem glänzenden Vertreter der ‚Geistesgeschichte', ist insofern kein Zufall.

[53] Durkheim 1912, in Deutschland freilich damals kaum rezipiert.

[54] Widengren 1983 hat die Grundlagen der Rekonstruktion nochmals dargestellt.

verwurzelt. Im gleichen Maße versinkt die Bedeutung der hebräischen Tradition, des ‚Semitischen‘. Die Iraner sind schließlich Indogermanen. Kein Zweifel, ‚unsterblich‘ − *amṛtos*,
avestisch *amesha*, in der griechischen Form ἄμβροτος − ist eine
indogermanische Wortprägung, die im Semitischen nicht ihres-
gleichen hat. Doch darf eine solche Feststellung nicht als Argu-
ment der Diffamierung verwendet werden.

Ohne Zweifel war es eine gewisse zeitgenössische Aktualität,
was der ‚religionsgeschichtlichen Schule‘ zu ihrem Erfolg ver-
half. Schon vor dem ersten Weltkrieg, erst recht in seinem Ge-
folge war die gleichmäßig-leidenschaftslose Rekonstruktion der
Weltgeschichte unattraktiv geworden; überhistorische, aktuali-
sierenden Vereinnahmungen drängten vor, ‚Bewegungen‘ des
Traditionsbruchs fanden Widerhall: Expressionismus, Neuro-
mantik, Sinn für alles Irrationale, Mythische, ‚Kosmische‘; auch
eine neue Art von ‚Klassik‘ als elitäre Aneignung wurde möglich, wie sie im Stefan-George-Kreis zutage trat. Zugleich hatte
mit der Psychoanalyse ein neues, antirationales Menschenver-
ständnis eingesetzt. Alternative und exotische Spielarten von
Frömmigkeit fanden ihr Publikum. An Stelle ‚freisinniger‘ Ra-
tionalität trat eine neue Intensität der Beschäftigung mit Mythen, Menschheitsmythen, Erlösungsmythen. Da hatte unverse-
hens die ‚Gnosis‘ Chancen, als uralte, östliche Alternative zum
Christentum ihre Faszination zu zeigen. Zwei Zentren für eine
neuartige Geisteswissenschaft traten damals hervor, die von
Aby Warburg gegründete ‚Bibliothek Warburg‘ in Hamburg, wo
Reitzenstein und Schaefer in den Zwanzigerjahren wichtige Vorträge hielten,[55] und die *Casa Eranos* bei Ascona, wo *C. G. Jung*
bestimmenden Einfluß gewann.[56]

---

[55] Siehe Reitzenstein 1924/5, Schäder 1924/5, Reitzenstein-Schaeder 1926,
Reitzenstein 1963; auch Norden 1924.
[56] Publikation der Eranos-Jahrbücher seit 1933; vgl. das Literaturverzeichnis.

In dreifacher Weise hat ‚Gnosis‘ in der Sicht der religionsgeschichtlichen Schule ins Weite gewirkt, in der Philosophie durch
Hans Jonas, in der Theologie durch *Rudolf Bultmann*, und in
der Jungschen Psychologie. Das Unternehmen von Hans Jonas,
die Gnosis als eine besondere Form der Welterfahrung existen-
tialphilosophisch zu erschließen — das Weltgefühl des ‚Gewor-
fenseins‘ stellte eine Brücke zu Heidegger her —, ist freilich alsbald erstickt worden; der erste und für lange Zeit einzige Band
von *Gnosis und spätantiker Geist* erschien 1934.[57]

Rudolf Bultmann[58] hatte schon früher den religionshistori-
schen Ansatz adaptiert. Für seine Theologie ist die These fundamental, daß die Gnosis vorchristlich sei, also eine geistig-mytho-
logische Richtung, deren Auswirkung das christliche Kerygma
überlagert hat; sie bleibt prinzipiell abtrennbar. Bultmann ak-
zeptierte, daß das Christentum historisch aus dem Bereich des
späthellenistischen Synkretismus herausgewachsen sei, suchte
aber die Besonderheit des Christentums zu gewinnen, indem er
das zeitlose *Kerygma* des Christentums von der mitgeschleppten
mythologischen Begrifflichkeit der synkretistischen Religionen
wieder befreien möchte; dies sein Programm der ‚Entmythologi-
sierung‘. Indem also Bultmann die Religionswissenschaft akzeptiert und in sein Interpretationssystem integriert, dient sie doch
zugleich wiederum zur Abgrenzung: Ihr ist zuzurechnen, was an
mythischen Aussagen in der urchristlichen Literatur sich breit
macht, dem Modernen aber nicht mehr entsprechen kann. Man
akzeptiert also den Synkretismus als das ‚andere‘, von dem das
Eigene abzugrenzen ist.

Anders war die Aneignung durch *Carl Gustav Jung*, die gerade dem Mythischen eine neue Dignität zu geben versprach.
Ihn interessierten die Bilder, die die irrationale Seele hervor-

---

[57] Jonas 1934/1964; die dritte Auflage (1964) enthält p. 377—418 ein
Kapitel „Neue Texte der Gnosis“.

[58] Das folgende orientiert sich an Bultmann 1949; doch vgl. zu seiner Posi-
tion bereits Bultmann 1923 und 1925.

bringt. So hatte er ein Interesse für Alchimie entwickelt, was sich mit Untersuchungen Reitzensteins traf.[59] Seit 1933 veröffentlichte das Eranos-Zentrum die Eranos-Jahrbücher, die ostwestliche Meditation und Erlösungsformen zum Gegenstand hatten: *Erlösungsidee in Ost und West, Symbolik der Wiedergeburt in der religiösen Vorstellung der Zeiten und Völker. Trinität, christliche Symbole und Gnosis, Das Hermetische Prinzip, Mythos, Gnosis und Alchemie* — die Titel sprechen für sich. Es kam so weit, daß man Carl Gustav Jung jenes Bruchstück der Nag Hammadi-Bibliothek als Geschenk überreichte, das auf den grauen Markt gelangt war. Er nahm das Buch gerührt in Empfang, als wäre es die Erfüllung seines Lebens — lesen konnte er es nicht. Inzwischen ist das voreilig ‚Codex Jung‘ genannte Fragment in aller Stille nach Kairo zurückgegeben und der Nag-Hammadi-Bibliothek wieder einverleibt worden.[60]

Jung stand um 1950 auf dem Höhepunkt seines Ruhms. Seltsam, wie fern uns dies heute anmutet. Die Zusammenarbeit von ‚Antike und Christentum‘ ist zwar nach 1945 in der Abkehr vom braunen Ungeist mit neuer Intensität in die Wege geleitet worden, jetzt aber unter dem Motto des ‚christlichen Abendlandes‘ und unter katholischer Führung; das *Reallexikon für Antike und Christentum*, das an die Vorarbeiten von Franz Josef Dölger anknüpft, ist in Bonn beheimatet.[61] Die ‚religionsgeschichtliche Schule‘ aber ist verschwunden.[62] Hans Jonas hat

---

[59] Vgl. Reitzenstein 1904, 102–108 zu Zosimos; Reitzenstein 1923.

[60] Zur Nag Hammadi-Bibliothek unten Anm. 65.

[61] Reallexikon für Antike und Christentum, begründet von Th. Klauser, Stuttgart 1950 ff. — Als religionsgeschichtliche Handbücher zu nennen sind von katholischer Seite Prümm 1954, von protestantischer Schneider 1954.

[62] Sie fand eine gewisse Fortsetzung durch Johannes Leipoldt in Leipzig, danach durch Kurt Rudolph ebendort, vgl. Rudolph 1960, 1980, 1987. Spezialarbeit an koptisch-gnostischen Texten wurde in Berlin weitergeführt, vgl. Schenke 1962. — Eine gewisse Fortführung des Paradigmas

sein Werk nicht zu Ende geführt. Neue methodische Verfeinerungen und Komplizierungen sind aufgetreten, neue hermeneutische Methoden wie Strukturalismus und Semiotik, dazu auch außertextliche Interessen, Soziologie, Kulturanthropologie; man konstruiert Modelle, Systeme. Wenn ich recht sehe, ist dabei die Theologie weit eher bereit, sich neuen Methoden zuzuwenden, als die immer noch an der ,Klassik' laborierende Philologie.

Aus den neuen Ansätzen der Kulturwissenschaft haben sich allerdings auch neue Abgrenzungen ergeben. Indem Systeme sich modellhaft am ehesten als geschlossene Systeme konstruieren lassen, faßt man den Begriff der Kultur oder Gesellschaft wieder ganz eng, etwa ,die Kultur der griechischen Polis im 5. Jh.'.[63] ,Einflüsse' von Nachbarbereichen oder Vorgängerkulturen läßt man am liebsten gar nicht mehr gelten; Innovationen sind allenfalls systematischer Systemumbruch, nicht aber Import. So scheinen die ,Systeme' der Kulturen zu fensterlosen Monaden zu werden; eine übergreifende Religionsgeschichte wäre dann gar nicht mehr möglich.

Merkwürdigerweise aber hängt der Wandel in der Einstellung zur Religionswissenschaft, die Unmöglichkeit einer neuen ,Schule' auch mit einem ganz unvorhersehbaren Fortschritt zusammen, dem sensationellen Zuwachs neuer Zeugnisse gerade in der Epoche um 1950: Die Schriften von Qumran, die eine Richtung des Judentums bis ins 1. Jh. n. Chr. hinein authentisch dokumentieren,[64] und die Bibliothek von Nag Hammadi, jene

---

erfolgte in Italien durch Ugo Bianchi, mit Akzent auf dem Problem des Dualismus: Zaman i Ohrmazd, Torino 1958; Selected Essays on Gnosticism, Dualism and Mysteriosophy, Leiden 1978; dazu der Kongress von Messina, siehe Bianchi 1967.

[63] Bedeutende Wirkung ist von dem Kreis um Jean-Pierre Vernant in Paris ausgegangen; siehe J.-P. Vernant, Mythe et société en Grèce ancienne, Paris 1974; Passé et Présent I/II, Rom 1995 (mit Bibliographie).

[64] Die vollständige Veröffentlichung ist jetzt erst in Gang gekommen: E. Tov (Ed.), The Dead Sea Scrolls on Microfiche, Leiden 1993; F. García Martínez, G. E. Watson, The Dead Sea Scrolls Translated, Leiden 1994.

gnostische Bibliothek in mindestens 13 Bänden, die im 4. Jh. in einem christlichen Kloster hergestellt, dann aber vergraben worden war, wohl unter dem Druck orthodoxer Kontrolle.[65] Während bislang die Gnosis fast aussschließlich aus der Polemik christlicher Schriftsteller bekannt war, hat man jetzt über 40 Originalschriften, leider — sagt der Graezist — in koptischer Übersetzung, nicht in der griechischen Urfassung. Dazu gekommen ist 1969, nicht weniger sensationell, die griechisch verfaßte Biographie des Religionsstifters Mani, ein Papyruscodex, der von der Papyrus-Sammlung Köln angekauft wurde. Auch weitere Dokumente des Manichäismus werden laufend neu ediert, aus Turfan-Texten, aus koptischen Codices, aus chinesischen Quellen. Freilich sind die Manichaica schon in ihren sprachlichen Fassungen so vielgestaltig, daß kaum einem Spezialisten alles zugänglich ist.[66]

Die Erforschung des Christentums des zweiten bis vierten Jahrhunderts — eines Christentums, das durchaus der ‚Antike‘ angehört — steht damit in der zweiten Hälfte unseres Jahrhunderts auf einer ganz anderen Basis als in der ersten Hälfte. Das Eigentümliche ist, daß diese Entdeckungen dennoch nicht wirklich Epoche gemacht haben. Gnosis erregte Begeisterung, als man wenig von ihr wußte; jetzt, wo man Genaues über sie wissen kann, ist das Interesse erlahmt, noch ehe die definitiven Editionen und eingehende Kommentare vorliegen. Sicher hat die verzögerte Erschließung der neuen Texte zu Ermüdungserscheinungen geführt; die Nag-Hammadi-Schriften liegen in Übersetzung seit 1977 vor, der Kölner Mani-Codex seit 1988, die Qum-

---

[65] The Facsimile Edition of the Nag Hammadi Codices, Leiden 1972–1984; J. M. Robinson (Ed.), The Nag Hammadi Library in English, Leiden 1977, 1996[4].

[66] Kölner Mani-Codex: Koenen-Römer 1988. Vgl. M. Tardieu, Études Manichéennes. Bibliographie critique 1977–1986, Paris 1988; G. Wießner, H. J. Klimkeit, ed., Studia Manichaica: II. Internationaler Kongreß zum Manichäismus, Wiesbaden 1992; Böhlig-Markschies 1994.

ran-Texte vollständig erst seit 1994. Die Sensation ist nach Jahrzehnten abgeklungen. Das tiefere Problem ist wohl, daß der Zugriff des Christentums auf die allgemeine Kultur sich gelockert hat, ja daß im Flimmern der modernen Medien eine geistige Bewegung gar nicht mehr auszumachen ist. Es wird stetig und intensiv auf dem Gebiet der Gnosis und des Manichäismus gearbeitet — aber es bleibt Spezialistenarbeit.[67]

Die Klassische Philologie, die sich auf Griechisch und Lateinisch zu beschränken pflegte, sieht sich durch die neuen Befunde marginalisiert. Der ,abendländische' Blick erweist sich als zu eng. Für die Erweiterung wenigstens in Richtung auf die anderen mediterran-christlichen Sprachen, Aramäisch-Syrisch und Koptisch, sind unsere Seminarien nicht im mindesten eingerichtet. Von interdisziplinärer Zusammenarbeit ist viel die Rede, sie zu verwirklichen gelingt nicht häufiger und nicht besser als in der ersten Hälfte dieses Jahrhunderts. Und ist es denn überhaupt noch menschenmöglich, auf mehreren Gebieten beschlagen zu sein, wo doch schon auf kleinstem Fachgebiet die Produktion in ihrer weltweiten Vernetzung kaum mehr zu bewältigen ist — anders als zu Eduard Nordens Zeiten —, während zugleich die Problematisierung, die methodischen Zweifel und Neuansätze uns immer wieder den Boden unter den Füßen wegziehen?

Beim Versuch, aus eingeschränktem Blickwinkel trotzdem etwas wie eine Bilanz zu ziehen, scheint mir, daß die Eigenständigkeit und Besonderheit des Jüdischen einerseits, zugleich aber auch die christlichen Grundlagen von Gnosis und Manichäismus in unerwartet deutlicher Weise ins Licht gerückt sind. Das Altiranische verblaßt gegenüber den neuen Evidenzen.[68]

---

[67] Vgl. z. B. Markschies 1992, Holzhausen 1994. Zum literarischen Erfolg wurde Filoramo 1983.

[68] Die Kritik an der religionsgeschichtlichen Schule und dem Bild vom iranischen Erlösungsmysterium hatten Quispel 1954, Colpe 1961, Schenke 1962 eingeleitet.

Die angeblich vorchristliche Gnosis entzieht sich mehr und mehr,[69] während frühere ‚kritische' Spätdatierungen der christlichen Texte sich als irrig herausgestellt haben. Die Frühdatierung eines Evangelienfragments durch C. P. Thiede,[70] möglicherweise vor 70 n. Chr., hat Aufsehen erregt, bleibt allerdings unter Spezialisten durchaus kontrovers. Doch daß die neutestamentlichen Schriften im wesentlichen noch dem 1. Jh. n. Chr. angehören, und daß sie viel historische Realität transportieren, ist nicht ernsthaft zu bezweifeln.

Die Bibliothek von Nag Hammadi ist nicht nur den Fundumständen nach eine christliche Bibliothek; man kann auch nicht wohl behaupten, daß sie nur sekundäre und tertiäre Zeugnisse zur Gnosis enthält, die an den früheren Rekonstruktionen zu messen wären. Als ein Hauptwerk kennen wir jetzt das ‚Apokryphon des Johannes', das in einer kürzeren und einer sekundären längeren Fassung überliefert ist. Zumindest sein wesentlicher Inhalt war dem Ketzerbestreiter Irenaeus bereits in der Mitte des 2. Jh.s. n. Chr. bekannt. Dieses Werk endet mit ‚Jesus Christus. Amen' und gibt sich mit dem Titel, ΚΑΤΑ ΙѠΑΝΝΗΝ ΑΠΟΚΡΥΦΟΝ deutlich als Ergänzung des Johannesevangeliums zu erkennen.[71] Es nach Reitzensteins Methode in einen vorchristlichen Text umzuarbeiten, hieße eine Rekonstruktion an Stelle der Überlieferung zu setzen. Am bedeutendsten ist die Sammlung von Jesus-Logien, das sogenannte Thomas-Evangelium, von dem griechische Bruchstücke schon vorher bekannt waren.[72] Dieses Logion-Evangelium ist den kanonischen Evangelien nicht einfach nachgeordnet. Neutestamentler mögen unwillig sein, es ernst zu nehmen; doch scheinen einige ‚Sprüche'

---

[69] Vgl.Yamauchi 1983.
[70] C. P. Thiede, ZPE 105, 1995, 13−20.
[71] Waldstein-Wisse 1995; dort auch die Irenaeus-Texte. Holzhausen 1994, 198 f und Waldstein-Wisse 1 nehmen eine gemeinsame Quelle von Irenaeus und dem Apokryphon an.
[72] Flieger 1991.

hier authentischer als in der kanonischen Fassung vorzuliegen, und andere sind originell und herausfordernd genug.

Auch ein ‚geheimes Markus-Evangelium' ist aufgetaucht, gefunden und herausgegeben von Morton Smith. Es ergänzt das kanonische Markus-Evangelium in verblüffender Weise: Es setzt den Jüngling, der bei Jesu Gefangennahme nackt von dannen floh, mit dem reichen Jüngling, den Jesus liebte, gleich und deutet ein homosexuelles Verhältnis an. Der Herausgeber meinte, der Text sei primär gegenüber unserem Johannes-Evangelium, ja gegenüber unserer Fassung des Markus. Kaum jemand hat dies akzeptiert, zumal die kuriose Lage der Überlieferung immer auch die Vermutung sehr viel späterer Entstehung zuläßt.[73]

Die Authentizität der griechischen Mani-Biographie unterliegt Einschränkungen, ist der Text doch wohl mehr als 100 Jahre nach Manis Tod zusammengestellt, mit Berufung auf mehrere Mani-Schüler. Trotzdem ist die Schilderung, die hier von der Entwicklung eines Religionsstifters gegeben wird, etwas Einzigartiges: Wie er in einer Täufer-Gemeinde aufwächst, wie er seine Berufung durch den göttlichen ‚Zwilling' erlebt, wie er schließlich in traumatischer Weise mit seiner Heimatgemeinde bricht und seine Mission beginnt, das ist psychologisch einsehbar und tief ergreifend.[74] Es besteht kein Anlaß, die prinzipielle Richtigkeit dieses Bildes zu bestreiten, so wenig wie das hier gegebene genaue Geburtsdatum, 216 n. Chr., und andere historische Angaben. Mani ist demnach schon von Kind an in einer christlichen Gemeinde aufgewachsen, der Elchasaiten-Gemeinde syrischer Obervanz, in der auch die Gnosis — in syrischer Sprache — mit ihren Mythen und ihrer Begrifflichkeit bereits ihren festen Platz hatte. Zur Enttäuschung mancher Spezialisten enthält der neue Text so gut wie nichts speziell Iranisches, wohl aber zeigt er deutlich den Hintergrund des bereits entfalteten syrischen Christentums und seiner Sekten. Mani beginnt —

---

[73] M. Smith 1973, vgl. Smith 1982, Levin 1988.
[74] Kölner Mani-Codex p. 89—104.

was man schon wußte, hier aber mehrfach bestätigt findet —
seine Briefe mit der Formel „Ich, Manichaios, ein Apostel Jesu
Christi," in wörtlicher Nachahmung der Briefe des Apostels
Paulus. Inwieweit der Manichäismus nicht so sehr als prinzipiel-
ler Dualismus auf iranischer Basis, vielmehr als ein Entwurf des
absoluten Gewaltverzichts und gerade hierin als radikale Fortsetzung von Jesus und Paulus zu verstehen wäre, bleibt erst
noch aufzuarbeiten.

Neu zu untersuchen ist auch das hermetische Schrifttum, das
auch in Nag Hammadi inmitten der gnostischen Bibliothek auftritt.[75] Reitzenstein hatte die Hermetik seit seinem *Poimandres*
ins Zentrum gestellt, hatte für ‚hellenistischen' Ursprung vo-
tiert. Dies war von Anfang an umstritten.[76] Mehrfach wurde
seither aufmerksam gemacht auf Indizien, die für eine Spätda-
tierung des Corpus wie seiner Teile sprechen: Es gibt eindeutig
Jüdisches im angeblich Ägyptischen dieser Texte, wahrschein-
lich aber auch direkt Christliches, das freilich zurückgedrängt
wird. Dies gilt besonders von der namengebenden ersten Schrift,
dem Poimandres; ein begriffsgeschichtlicher Kommentar führt
mit vielen Indizien auf eine nachchristliche, nachjohanneische
Datierung.[77] Dann liegt eine absichtliche Paganisierung vor: Die
sogenannte Hermetik ist eine Form der Gnosis, die sich, mit
dem Christentum konkurrierend, von diesem wieder distanzie-
ren will; sie ist im wesentlichen wohl ans Ende des dritten und
ins vierte nachchristliche Jahrhundert zu setzen. Sie dürfte mit
der Spaltung der Platoniker in Christen und Heiden zusammen-

---

[75] Codex VI 8 enthält den in lateinischer Übersetzung seit je bekannten
  Asclepius, Kap. 21—29.
[76] Vgl. etwa Prümm 1954, 544—546.
[77] Büchli 1987. Das Genesis-Zitat in Poimandres 18 mußte immer auffal-
  len. Corpus Hermeticum 24 zitiert Plotin 4,8,8. Auf einen ‚hellenistisch-
  jüdischen' Anthropos-Mythos rekurriert wieder Holzhausen 1994, indem er eine gemeinsame Quelle von Valentinos und Poimandres rekon-
  struiert; Paulus Philipp. 2,6—11 setze diesen Mythos voraus. Selbst wenn
  man dies zugäbe, müßte die ‚Quelle' nicht vorchristlich sein.

hängen, von der Porphyrios in seiner Plotinbiographie, Plotin selbst in seiner antignostischen — antichristlichen — Schrift Kunde gibt.[78] Die hermetischen Texte leisten dann allerdings nichts mehr für den sogenannten Ursprung des Christentums, wohl aber sind sie eine Stimme im vielstimmigen Konzert der religiösen Auseinandersetzungen, die mit dem Sieg des Christentums äußerlich ihr Ende fanden. Noch kaum untersucht ist, inwieweit wirklich echt Ägyptisches darin zum Ausdruck kommt. Das späte pagane Ägypten ist, soweit ich sehe, immer noch wenig erforscht. Rechten Ägyptologen liegt diese Spätzeit fern; und doch kann man der spätägyptischen oder pseudoägyptischen Spiritualität nicht mit den alten, seit langem edierten Texten wie Pyramidensprüche und Totenbuch beikommen. Gab es ‚heidnische Reaktion' im Ägypten des 4./5. Jh.s?[79]

Auch von dem durch Reitzenstein geschaffenen Begriff der ‚Hellenistischen Mysterienreligionen' hat man abzurücken.[80] Neuere Aspekte religionsvergleichender, psychologischer, soziologischer Art haben die recht ‚heidnische' Eigentümlichkeit der real existierenden Mysterienkulte ins Licht gerückt. Das christliche Modell ist hier nicht das geeignete Referenzsystem; der Hiat zwischen Mysterienkulten und Christentum erweitert sich. Das angebliche Mythologem vom sterbenden und wiederauferstehenden Gott, das man auf Frazers Spuren als grundlegend für Mysterien nahm, ist aus der Sicht der Spezialisten wieder zerfallen. Die vollständigere Edition des Keilschrifttextes von ‚Inannas Weg in die Unterwelt' hat ein groteskes Mißverständnis der älteren Religionsgeschichte entlarvt: Es geht in diesem sumerischen Text nicht um die Wiederauferstehung des Dumuzi-Tammuz, sondern im Gegenteil um seinen Tod als Ersatzopfer nach

---

[78] Zu dieser Schrift Elsas 1975.

[79] Es gab mehrere Ägypter unter den Mitgliedern der heidnischen Akademie von Athen. Vgl. auch Anm. 85/86.

[80] Burkert 1994; vgl. auch die zurückhaltende Zusammenfassung von Köster 1980, 182—211.

dem Willen Inannas.[81] Es gibt bei den Griechen auch keine My-
sterientaufe. Zu beachten, doch mit Vorsicht zu betrachten ist
im griechischen Bereich die rhetorisch-philosophische, durchaus
literarische Tradition, die von Platon ausgehend die Mysterien-
metaphorik in philosophisch-religiöse Texte getragen hat, insbesondere zu Philon: Man darf hinter Philons Metaphern keines-
wegs reale jüdisch-hellenistische Mysterienkulte suchen und rekonstruieren, wie es doch, Reitzenstein übertrumpfend, einige
Gelehrte unternommen haben.[82]

Auch im Bereich der paganen *mysteria* hat es in jüngster Zeit
sensationelle Entdeckungen gegeben: Der Bestand der sogenannten ‚orphischen Goldblättchen' hat sich entscheidend vermehrt, jener Texte, die den Toten ins Grab mitgegeben wurden,
um ihnen den rechten Weg im Jenseits zu weisen. Seit 1974
wissen wir, daß es sich um Texte ‚bakchischer' Mysterien handelt. „Sag der Persephone, daß Bakchios selbst dich freigelassen
hat," steht auf einem Text aus Thessalien.[83] Zugleich steht nun
fest, daß diese Texte bis ins 5. Jh. v. Chr. zurückgehen und vor
allem im 4. Jh. v. Chr. verbreitet sind. Dionysos-Mysterien sind
damit in der klassischen Zeit weit besser und direkter bezeugt
als in der hellenistischen und in der kaiserzeitlichen Epoche. Es
ist nichts mit einer eingleisigen Religions- und Geistesgeschichte, die aufs Christentum zuläuft.

Der Zuwachs an neuen Quellen hat also paradoxerweise vor
allem zu negativen Ergebnissen geführt: Große religions- und
geistesgeschichtliche Rekonstruktionen sind wieder zerfallen.
Man kann das Christentum nicht mehr als eine unter verschiedenen ‚hellenistischen Mysterienreligionen' betrachten, schon

---

[81] Vgl. Colpe 1969; der Inanna-Text ist zugänglich bei J. Bottéro, S. N.
Kramer, Lorsque les dieux faisaient l'homme, Paris 1989, 276–295.

[82] Siehe Riedweg 1987.

[83] Burkert 1994, 28; vgl. F. Graf, Dionysian and Orphic Eschatology, in:
Th.H. Carpenter, Masks of Dionysus, Ithaca 1993, 239–258.

gar nicht als Spielart eines ‚iranischen Erlösungsmysteriums‘.
Für den uns so vertrauten und doch unerhörten Text der christlichen Kommunion, ‚das ist mein Leib, das ist mein Blut‘, gibt
es übrigens bislang kein paganes Gegenstück, außer dem sehr
allgemeinen, wenn auch menschheitsgeschichtlich relevanten
Kontext des blutigen Opfers überhaupt. Für die konkrete Situation der frühen Kaiserzeit wird man das Jüdische und das darauf aufbauende Christliche in seiner Besonderheit, in seiner Ori-
ginalität anerkennen müssen. Die vorchristliche Gnosis verdäm-
mert, während die christliche Gnosis Aufmerksamkeit erzwingt
und auch der Manichäismus als christliche oder eher nachchristliche Religion, zwischen Christentum und Islam, zu fassen ist.

Ausgrenzungen haben damit weniger Berechtigung denn je.
Die Klassisch-griechische Philologie kann in der multikulturellen Umwelt das ‚Klassische‘ kaum festhalten; sie kann sich jedenfalls vom Semitischen und ‚Orientalischen‘ nicht mehr ab-
koppeln – nicht einmal, was die vorhellenistische Phase be-
trifft, ist doch schon die Archaik von einer ‚orientalisierenden
Epoche‘ geprägt.[84] Sie kann auch nicht bei Konstantin und Konstantinopel Halt machen: Wann und wie das ‚Mittelalter‘ beginnt, läßt sich im Osten noch weit schwerer angeben als im
lateinischen Westen. Dabei kann die griechische Philologie sich
der Aufgabe nicht entziehen, auch die spätantiken Religionen
zumindest in ihren griechischen Texten zu erfassen und zu interpretieren, insbesondere das frühe Christentum, das fundamental
griechischsprachig gewesen ist. Gewiß, die Herausforderung be-
deutet zugleich Frustration. Die Klassische Philologie muß zugeben, daß in der Kaiserzeit die erregenden, zukunftsweisenden
Impulse für Kultur und Religion nicht in der Pflege der ‚klassischen‘ Sprache und Literatur bestanden, also auch nicht bei den
attizistischen Rhetorenschulen zu finden sind – die Rhetorik
freilich bestand weiter und gewann dann in der christlichen Pre-

---

[84] Burkert 1992.

digt sogar ein neues, besonders reiches Betätigungsfeld −; der Klassische Philologe als Religionswissenschaftler aber steht vor sprachübergreifenden Bewegungen, die ihn rasch an die Grenzen seiner Kompetenz kommen lassen. Wir freuen uns, daß der Kölner Mani-Codex griechisch geschrieben ist; aber Mani kam vom Syrischen her, und der rechte Erforscher des Manichäismus sollte dann außer Syrisch und natürlich Latein auch Koptisch, Arabisch, Mittelpersisch, ja Uigurisch und Chinesisch lesen können − alles Sprachen manichäischer Texte. Und auch schon für das frühe Christentum gilt: So gewiß es in einer hellenistischen, in einer gründlich hellenisierten Umwelt heranwuchs, das Hebräische ist als Hintergrund so wenig zu eliminieren wie das Aramäisch-Syrische, dem die anderen vom Christentum gepflegten Volkssprachen dann gefolgt sind. Ohne interdisziplinäre Zusammenarbeit wird man nicht weit kommen.

Wenn ich recht sehe, kann auch die Theologie nicht mehr, wie es seinerzeit *Karl Barth* proklamiert hat, ‚Religion‘ überhaupt und Religionswissenschaft von sich weisen. Theologie kann heute kaum an der Tatsache vorbeigehen, daß sie ‚Religion‘ vertritt Seite an Seite mit anderen, konkurrierenden Religionen − dem Islam zuvorderst; aber auch indische oder pseudoindische Trends, Ostasiatisches, dazu selbsternannte ‚neue‘ Religionen drängen sich vor. Zudem erheischt das Judentum als Partner weit ernstere Aufmerksamkeit als früher. Mir scheint darum, es bleibt gerade hier religionswissenschaftlich geforderte Altertumswissenschaft mit einer historisch-religionswissenschaftlich ausgerichteten Theologie im zeitgenössischen Umfeld ganz eng verbunden.

Dabei bleibt es eine faszinierende Aufgabe für die Religionswissenschaft im Bunde mit Philologie und Theologie, die Welt der Spätantike mit ihren Varianten und Konflikten, mit ihren Konstanten und Übergängen gemeinsam zu erforschen. Es gibt noch eine Unmenge editorischer Aufgaben; sie sind noch nicht einmal für die wichtigsten griechischen *Patres* ans Ende gekommen, geschweige denn für das krause Material der Heiligenviten und -legenden. Doch sollte die ungeheure noch zu leistende Arbeit nicht zur Trauerarbeit werden. Es bleibt ein einzigartig faszinierendes Phänomen, was sich damals ereignet hat, jene Kulturrevolution, die das Pagane unwiderruflich versinken ließ, so daß die ‚klassische Welt' der Klassischen Philologie etwas Nostalgisch-Irreales geworden ist. Die Widerstände, die Chancen des Nebeneinanders sind noch kaum endgültig erforscht; gab es doch generationenlang ein Schwanken zwischen Koexistenz und Konfrontation. Wo und wie wird das Ineinander von Staatsmacht und Widerstand, geistiger Diskussion und Verstummen im einzelnen faßbar? Ist es möglich, daß Nonnos, der Verfasser des riesigen mythologischen Epos von Dionysos, zugleich Bischof von Edessa war?[85] Wie kommen die mythologischen Szenen, z. B. ein prachtvoller Dionysos-Behang, in die christlichen Gräber Ägyptens?[86]

Es langweilt, von Krisen zu sprechen; aber sie sind fühlbar. Das Dach der Geschichtswissenschaft jedenfalls ist schütter geworden. Die bloße Sicherung und Anhäufung von Faktenwissen, von Informationen rückt in die elektronischen Speicher und kommt uns als Glied lebendigen Geisteslebens damit abhanden. Man hat wohl etwas voreilig das ‚Ende der Geschichte' proklamiert; ich fürchte, sie könnte uns wieder packen. Das Altertum jedoch rückt immer weiter weg, und man gewinnt nichts mehr damit, es ‚klassisch' zu nennen. Im Konglomerat des Weltdorfes kann kein solches Zentrum existieren. Ob die Theologie das Postulat einer religiösen Urzeugung in Palästina braucht, muß ich ihr überlassen. Jedenfalls kommen wir weder mit dem Begriff des Klassischen noch mit dem Fortschrittsgedanken wesentlich weiter, auch nicht mit dem Fortschritt bis zur Christianisierung und durch die Christianisierung der Welt — von deren Abschluß wir heute weiter entfernt sind als vor 50 Jahren. Der

[85] So Livrea 1991.
[86] Vgl. Willers 1992.

‚Sieg des Christentums' war kein eindeutiger ‚Fortschritt'; doch
müssen die Klassischen Philologen ihrerseits zugeben, wie hohl
der Klassizismus schon in der Spätantike klingt. Die Faktizität
der Geschichte ist jedenfalls nicht abzustreiten. Die islamische
Welt ist eine Tatsache, die die größte Niederlage des Christentums und auch des Griechentums in sich schließt; kann man
sich noch vorstellen, daß die gesamte Türkei, Syrien, Palästina,
Ägypten, Libyen, Nordafrika bis Marokko einmal christlich waren, dabei griechisch-sprachig bis nach Libyen?

Als Erbe des Historismus, als Erbe auch von Hans Lietzmann, sollte auf jeden Fall der Respekt vor den Fakten bleiben,
der Respekt vor der Überlieferung, die Verpflichtung zur sachli-
chen Richtigkeit auf Grund genauen Studiums der Quellen, das
nicht im Sinn postmoderner Beliebigkeit aufgegeben werden
kann. Zugleich bleibt die Humanisierung einer multikulturellen
Welt — nicht deren fundamentalistische Theologisierung — als
gemeinsame Herausforderung im weiteren Rahmen. Die Philologie steht dabei, scheint mir, mehr als früher auch an der Seite
der Theologie, indem wir uns gemeinsam den Fragen einer ge-
meinsamen Welt zu stellen haben. Man lernt nicht einfach aus
der Geschichte. Diese zeigt uns die Mythen und Ideologien der
jeweiligen Epochen — und damit gleichsam im Spiegel doch
eben humane und inhumane Chancen, Aspekte der Wirklich-
keit, die auf diese Weise an Tiefe und Lebendigkeit gewinnt.
Daß die historische, altertumswissenschaftliche Forschung bei
diesem allgemeinen Lernprozeß mithelfen kann, wage ich zu
hoffen.

LITERATURVERZEICHNIS

Eine zulängliche Bibliographie der vielen angesprochenen Probleme ist hier nicht zu erwarten. Die folgende Liste dient vor allem der Entlastung der Anmerkungen.

C. Andresen, Die Kirchen der alten Christenheit (RM 29/1−2), Stuttgart 1971.

O. Beidelman, W. Robertson Smith, Chicago 1974.

U. Bianchi (Ed.), Le origini dello gnosticismo/The Origins of Gnosticism. Colloquio di Messina 13−18 Aprile 1966 (SHR 12), Leiden 1967, 1970².

A. Böhlig, Chr. Markschies, Gnosis und Manichäismus (BZNW 72), Berlin/New York 1994.

R. R. Bolgar, Latin Literature: A Century of Interpretation, in: Les Études classiques au XIXᵉ et XXᵉ siècles. Entretiens sur l' antiquité classique XXVI, Vandoeuvres-Genève 1980, 91−117.

H. Bornkamm, Hans Lietzmann und sein Werk, ZNW 41 (1942) 1−12.

−, Hans Lietzmann zum Gedächtnis, Antike 19 (1943) 81−85.

D. W. Bousset, Hauptprobleme der Gnosis (FRLANT 10), Göttingen 1907 (1973²).

−, Religionsgeschichtliche Studien. Aufsätze zur Religionsgeschichte des hellenistischen Zeitalters, hg. v. A. F. Verheule (NT. S 50), Leiden 1979.

J. Büchli, Der Poimandres. Ein paganisiertes Evangelium. Sprachliche und begriffliche Untersuchungen zum ersten Traktat des Corpus Hermeticum (WUNT 2. R. 27), Tübingen 1987.

R. Bultmann, Der religionsgeschichtliche Hintergrund des Prologs zum Johannes-Evangelium, in: Eucharisterion. Hermann Gunkel zum 60. Geburtstag, Göttingen 1923, 3−26 = Ders., Exegetica. Aufsätze zur Erforschung des Neuen Testaments, (…) hg. v. E. Dinkler, Tübingen 1967, 10−35.

−, Die Bedeutung der neuerschlossenen mandäischen und manichäischen Quellen für das Verständnis des Johannes-Evangeliums, ZNW 24 (1925) 100−147 = Ders., Exegetica, 55−104.

−, Das Urchristentum im Rahmen der antiken Religionen, Zürich 1949 (1969⁵).

W. Burkert, Griechische Mythologie und die Geistesgeschichte der Moderne, in: Les Études classiques au XIXᵉ et XXᵉ siècles. Entretiens sur l' antiquité classique XXVI, Vandoeuvres-Genève 1980, 159−199.

−, Homerstudien und Orient, in: J. Latacz (Hg.), Zweihundert Jahre Homer-Forschung (Colloquium Rauricum 2), Stuttgart 1991, 155−181.

−, The Orientalizing Revolution. Near Eastern Influence on Greek Culture in the Early Archaic Age, Cambridge, Mass. 1992.

Ancient Mystery Cults, Cambridge, Mass. 1987; dt.: Antike Mysterien. Funktionen und Gehalt, München 1990; 1994[3].

W. M. Calder III (Ed.), The Cambridge Ritualists Reconsidered, Atlanta 1989.

C. J. Classen, Die Klassische Altertumswissenschaft an der Georg-August-Universität Göttingen, Göttingen 1989.

C. Clemen, Die religionsgeschichtliche Methode in der Theologie, Gießen 1904.

C. Colpe, Die religionsgeschichtliche Schule. Darstellung und Kritik ihres Bildes vom gnostischen Erlösermythos (FRLANT 78), Göttingen, 1961.

—, Zur mythologischen Struktur der Adonis-, Attis- und Osirisüberlieferungen, in: W. Röllig (Hg.), lisan mithurti, Festschr. W. v. Soden, Kevelaer-Neukirchen-Vluyn 1969, 23—44.

—, Gnosis II (Gnostizismus), in: Reallexikon für Antike und Christentum XI (1981) 357—659.

A. Dieterich, Abraxas. Studien zur Religionsgeschichte des späteren Altertums, Leipzig 1891.

—, Nekyia. Beiträge zur Erklärung der neuentdeckten Petrusapokalypse, Leipzig 1893, 1913[2].

—, Eine Mithrasliturgie, Leipzig 1901, 1923[3].

E. Durkheim, Les formes élémentaires de la vie religieuse, Paris 1912.

Chr. Elsas, Neuplatonische und gnostische Weltablehnung in der Schule Plotins (RGVV 34), Berlin/New York 1975.

Eranos-Jahrbuch Band 4/5, 1936/7: Gestaltung der Erlösungsidee in Ost und West, Zürich 1937.

Eranos-Jahrbuch Band 7, 1939: Die Symbolik der Wiedergeburt in der religiösen Vorstellung der Zeiten und Völker, Zürich 1940.

Eranos-Jahrbuch Band 8 (1940/41): Trinität, christliche Symbole und Gnosis, Zürich 1942.

Eranos-Jahrbuch Band 9 (1942): Das Hermetische Prinzip, Mythos, Gnosis und Alchemie, Zürich 1943.

Eranos-Jahrbuch Band 11 (1944): Die Mysterien, Zürich 1945.

G. Filoramo, L'attesa della fine. Storia della Gnosi, Bari 1983; engl.: A History of Gnosticism, London 1990.

M. Flieger, Das Thomasevangelium (NTA.NF 22), Münster 1991.

J. Frickel, Hellenistische Erlösung in christlicher Deutung. Die gnostische Naassenerschrift (NHS 19), Leiden 1984.

M. Fuhrmann, H. Tränkle, Wie klassisch ist die klassische Antike?, Zürich 1970.

U. Hölscher, Die Chance des Unbehagens. Drei Essays zur Situation der klassischen Studien, Göttingen 1965.

J. Holzhausen, Der ,Mythos vom Menschen' im hellenistischen Ägypten. Eine Studie zum ,Poimandres', zu Valentin und dem gnostischen Mythos, (Theoph. 33) Bodenheim 1994.

G. W. Ittel, Urchristentum und Fremdreligionen im Urteil der religionsgeschichtlichen Schule, Erlangen 1956.

—, Die Hauptgedanken der ,religionsgeschichtlichen Schule‘, ZRGG 10 (1958) 61−78.

H. Jonas, Gnosis und spätantiker Geist I: Die mythologische Gnosis (FRLANT 51), Göttingen 1934; 1954[2]; 1964[3]; 1988[4]; II 1 Von der Mythologie zur mystischen Philosophie (FRLANT 63), Göttingen 1954 = (FRLANT 159) Göttingen 1993; II 2 (dito) hg. v. K. Rudolph (FRLANT 159) Göttingen 1993.

L. Koenen, C. Römer, Der Kölner Mani-Codex. Kritische Edition (ARWA. Pap. Col. 14), Opladen 1988.

H. Köster, Einführung in das Neue Testament, Berlin/New York 1980.

B. Kytzler, K. Rudolph, J. Rüpke (Hgg.), Eduard Norden (1868−1941): Ein deutscher Wissenschaftler jüdischer Herkunft (Talingenesia 49), Stuttgart 1994.

H. Leisegang, Die Gnosis (KTA 32), Stuttgart 1941[3] (= 1985[2]).

S. Levin, The Early History of Christianity, in Light of the ,Secret Gospel‘ of Mark, in: Aufstieg und Niedergang der römischen Welt II 25,6, Berlin/New York 1988, 4270−4292.

H. Lietzmann, Geschichte der Alten Kirche I−IV, Berlin 1932−1944 = 1975[4/5].

—, Messe und Herrenmahl. Eine Studie zur Geschichte der Liturgie (AKG 8), Berlin 1926, 1955[3].

—, Die Religionswissenschaft der Gegenwart in Selbstdarstellungen II, Leipzig 1926, 77−117 (= Kleine Schriften III 331−368).

—, Kleine Schriften I−III: Bd. I Studien zur antiken Religionsgeschichte, hg. v. K. Aland (TU 67); Bd. II Studien zum Neuen Testament, hg. v. K. Aland (TU 68); Bd. III Studien zur Liturgie- und Symbolgeschichte, zur Wissenschaftsgeschichte, hg. v. d. Komission für Spätantike Religionsgeschichte (TU 74) Berlin 1958; 1958 und 1962.

E. Livrea, Il Poeta ed il Vescovo, in: Studia Hellenistica II, Florenz 1991, 439−462.

Chr. Markschies, Valentinus Gnosticus? Untersuchungen zur valentinianischen Gnosis mit einem Kommentar zu den Fragmenten Valentins (WUNT 65), Tübingen 1992.

H. Marti, Übersetzer der Augustin-Zeit (Studia et Testimonia Antiqua 14), München 1974.

B. Neuschäfer, Origenes als Philologe (SBA 18/1−2), Basel 1987.

E. Meyer, Geschichte des Altertums I−V, Stuttgart 1884−1902, I 1 1910[3]; I 2 1913[3]; II 1 1928[2]; III 1937[2]; IV 1 1939[2]; IV 2 1956[2]; V 1958[2] (repr. Darmstadt 1956/69).

A. A. Mosshammer, The Chronicle of Eusebius and Greek Chronographic Tradition, Lewisburg 1979.

M. P. Nilsson, Geschichte der griechischen Religion I (HAW V 2/2, München 1940, 1967³.

E. Norden, Publius Vergilius Maro, Aeneis Buch VI, Leipzig 1903, 1915².

−, Agnostos Theos. Untersuchungen zur Formgeschichte religiöser Rede, Leipzig 1913 = Stuttgart und Leipzig 1996.

−, Die Geburt des Kindes. Geschichte einer religiösen Idee (Studien der Bibliothek Warburg 3), Leipzig 1924 = Darmstadt 1958.

H. Paulsen, Traditionsgeschichtliche und religionsgeschichtliche Schule, ZThK 75 (1958) 22−55.

R. Pfeiffer, History of Classical Scholarship from 1300 to 1850, Oxford 1976.

K. Prümm, Religionsgeschichtliches Handbuch für den Raum der altchristlichen Umwelt, Rom 1954.

G. Quispel, Die Gnosis als Weltreligion, Zürich 1951.

−, Der gnostische Anthropos und die jüdische Tradition, Eranos-Jahrbuch 22 (1954) 195−234 = ders., Gnostic Studies I (UNHAII 34/1), Istanbul 1974, 173−195.

L. Radermacher, Hans Lietzmann. Ein Nachruf, Almanach der Akademie der Wissenschaften in Wien 1943, 1−12.

K. Reinhardt, Die Klassische Philologie und das Klassische, in: Vermächtnis der Antike. Gesammelte Essays zur Philosophie und Geschichtsschreibung, hg. v. C. Becker, Göttingen 1959, 234−260.

R. Reitzenstein, Zwei religionsgeschichtliche Fragen nach ungedruckten griechischen Texten der Straßburger Bibliothek, Straßburg 1901.

−, Poimandres. Studien zur griechisch-ägyptischen und frühchristlichen Literatur, Leipzig 1904.

−, Die hellenistischen Mysterienreligionen nach ihren Grundgedanken und Wirkungen, Leipzig 1910, 1920², 1927³ = Darmstadt 1980.

−, Das iranische Erlösungsmysterium, Bonn 1921.

−, Alchemistische Lehrschriften und Märchen bei den Arabern, mit: G. Goldschmidt (ed.), Heliodori carmina quattuor ad fidem codicis Casselani (RGW 19/2), Gießen 1923.

−, Plato und Zarathustra, Vorträge der Bibliothek Warburg IV 1924/5 (Leipzig 1927) 20−37 (wiederabgedruckt in: Reitzenstein 1963, 20−37).

−, H. H. Schaeder, Studien zum antiken Synkretismus aus Iran und Griechenland (Studien der Bibliothek Warburg 7), Leipzig 1926.

−, Antike und Christentum. Vier religionsgeschichtliche Aufsätze (Libelli 150), Darmstadt 1963.

Festschrift Richard Reitzenstein zum 2. April 1931 dargebracht von E. Fraenkel u. a., Leipzig/Berlin, 1931 (mit Bibliographie: p. 160−168).

Ch. Riedweg, Mysterienterminologie bei Platon, Philon und Klemens von Alexandrien (UaLG 26), Berlin/New York 1987.

E. Rohde, Psyche. Seelencult und Unsterblichkeitsglaube der Griechen, Freiburg 1894, 1898[2] (9. u. 10. Aufl. mit einer Einführung v. O. Weinreich, Tübingen 1925).

H. Rollmann, Duhm, Lagarde, Ritschl und der irrationale Religionsbegriff der Religionsgeschichtlichen Schule, ZRGG 34 (1982) 276–279.

K. Rudolph, Die Mandäer I. Prolegomena. Das Mandäerproblem, Göttingen 1960.

—, Die Gnosis. Wesen und Geschichte einer spätantiken Religion (UTB 1577), Göttingen [3]1990.

—, Art. Religionsgeschichtliche Schule, Encyclopedia of Religion XII (1987) 293–296.

D. Sänger, Phänomenologie oder Geschichte? Methodische Anmerkungen zur religionsgeschichtlichen Schule, ZRGG 32 (1980) 13–27.

H. H. Schaeder, Urform und Fortbildungen des manichäischen Systems, Vorträge der Bibliothek Warburg IV 1924/5, Leipzig 1927, 65–157.

H. M. Schenke, Der Gott „Mensch" in der Gnosis, Berlin 1962.

R. Schlesier, Kulte, Mythen und Gelehrte. Anthropologie der Antike seit 1800, Frankfurt/Main 1994.

C. Schneider, Geistesgeschichte des antiken Christentums, München 1954.

M. Smith, Clement of Alexandria and a Secret Gospel of Mark, Cambridge, Mass. 1973.

—, Clement of Alexandria and Secret Mark: The Score at the End of the First Decade, HThR 75 (1982) 449–461.

W. R. Smith, Lectures on the Religion of the Semites, Cambridge 1889, 1894[2]; dt.: Die Religion der Semiten, Tübingen 1899.

E. Troeltsch, Die Dogmatik der ‚religionsgeschichtlichen Schule', Gesammelte Schriften Bd. 2: Zur religiösen Lage, Religionsphilosophie und Ethik, Tübingen 1922[2] Aalen 1962, 500–524.

H. Usener, Religionsgeschichtliche Untersuchungen Tl. 1: Das Weihnachtsfest, Bonn 1889, 1911[2].

—, Die Sintfluthsagen, Bonn 1899.

—, Sonderbare Heilige Tl. 1: Der heilige Tychon, Leipzig 1907.

A. F. Verheule, Wilhelm Bousset. Leben und Werk, Amsterdam 1973.

M. Waldstein, F. Wisse (Ed.), The Apocryphon of John. Synopsis of Nag Hammadi Codices II,1; III,1; and IV,1 with BG 8502,2 (NHS 33), Leiden 1995.

G. Widengren, Leitende Ideen und Quellen der iranischen Apokalyptik, in: D. Hellholm (Ed.), Apocalypticism in the Mediterranean World and the Near East, Tübingen [2]1989, 77–162.

U. v. Wilamowitz-Moellendorff, Die griechische Literatur und Sprache (Kunst der Gegenwart I 8), Berlin 1905, 1912[3].

—, In wieweit befriedigen die Schlüsse der erhaltenen griechischen Trauer-spiele?, ed. W. M. Calder III, Leiden 1974.

D. Willers, Dionysos und Christus — ein archäologisches Zeugnis zur ‚Kon-fessionsangehörigkeit' des Nonnos, Museum Helveticum 49 (1992) 141–151.

F. A. Wolf, Prolegomena to Homer, transl. with Introduction and Notes by A. Grafton, G. W. Most, J. E. G. Zetzel, Princeton 1985.

E. Yamauchi, Pre-Christian Gnosticism. A Survey of the Proposed Evi-dence, Grand Rapids ²1983.

Vorankündigung

Hans-Lietzmann-Vorlesung 1996

Hans-Lietzmann-Vorlesungen

Herausgegeben von

Christoph Markschies

Heft 2

Hugo Brandenburg

Die Kirche S. Stefano Rotondo in Rom

Bautypologie und Architektursymbolik
in der spätantiken und frühchristlichen Architektur